Easy Writing

© 2009 I am Books

지은이   아이엠북스 컨텐츠기획팀

펴낸이   신성현, 오상욱

만든이   남영림, 윤은아, 이기은

디자인   Design BAG

펴낸곳   도서출판 아이엠북스

          153-802 서울시 금천구 가산동 327-32 대륭테크노타운 12차 1116호

          Tel. (02)6343-0999 Fax. (02)6343-0995

출판등록   2006년 6월 7일 제 313-2006-000122호

ISBN 978-89-92334-83-9 63740

www.iambooks.co.kr

Easy Writing

#

이 책의 구성과 활용법

기존의 영어작문 책들은 영문법을 알아야만 영어 문장을 만들도록 구성되어 있어 다소 어려운 것이 사실이었습니다. 영문법을 배워 가며 영어 문장을 만들다보니 영어 문장을 만들기도 전에 영문법 학습에서 흥미를 잃어버리는 경우가 많았습니다.

Easy Writing 영어작문 책은 영어 문장 만들기가 기본이 되어야 한다는 기본 원칙을 가지고, 어떻게 하면 쉽고 재미있게 영어 문장을 만들 수 있을까 하는 물음에서 출발하였습니다. 그래서 정말 영어 문장 만들기를 위한 영어작문이 이루어지도록 단어와 문장 구조의 원리를 중심으로 구성하였습니다. 단어를 차례대로 써 보면서 문장이 만들어지는 원리를 이해하고 여러 단어를 사용하여 다양한 문장을 만들 수 있도록 하였습니다.

〈문장 만들기의 원리〉

1. 상자 안에 단어들을 차례대로 배열해 봅니다.

①		②		③
I 나는	+	studied 공부했다	+	English 영어

　* 영어 문장 배열을 통해 문장 만들기의 틀을 익힙니다.

2. ①, ②, ③을 차례대로 써 봅니다.

I studied English.	나는 영어를 공부했습니다.
He studies English.	그는 영어를 공부합니다.

　* 동사를 중심으로 앞에는 주어, 뒤에 목적어가 옵니다.

3. ②를 중심으로 ①과 ③을 바꾸어 가며 다양한 문장을 만들어 봅니다.

이 책의 구성

Part 1 에서는 단어의 기본이 되는 알파벳과 문장의 구두점을 써 보며 간단한 기본 학습을 합니다.

Part 2 에서는 가족과 친구, 주변의 물건 등 친숙한 대상을 중심으로 영어 문장 만들기의 기본 규칙을 익히고, 우리말과 영어 문장의 단어 배열 구조에 대해 알아봅니다.

Part 3 에서는 일상 생활의 활동을 중심으로 이루어져 있으며 동사를 활용한 다양한 문장 만들기 연습을 합니다.

Part 4 에서는 시간, 날짜, 날씨, 감정 및 월별 활동에 관련된 문장 만들기를 해 보며 배운 문장을 토대로 영어 일기를 써 보는 연습을 합니다.

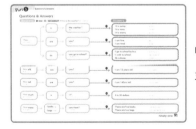

Part 5 에서는 일상 생활에서 많이 사용하는 의문문과 그 대답을 간단하게 정리하여 제시하였으며 영어 작문 및 영어 회화 학습에 도움이 되도록 구성하였습니다.

부록에는 영어 일기를 위한 기초 학습과 영어 작문을 위한 기초 문법을 제시하여 글쓰기에 도움이 되도록 하였습니다.

이 책의 활용법

3단계 학습 시스템을 통한 영어 글쓰기 완성 프로그램!!

차례대로 써 보며 쉽게 영어 문장 만들기의 기본 원리를 익히고 자연스럽게 자신의 영어 일기를 써 볼 수 있도록 체계적으로 구성하였습니다.

1단계 (Part 2)	→	2단계 (Part 3)	→	3단계 (Part 4)
문장 만들기 1, 2		1단계 학습 + 문장만들기 3		1, 2단계 학습 + 영어 일기 완성

1단계 – 영어 문장 속에서의 단어 배열 구조 학습
영어 문장의 단어 배열 순서로 구성된 문제와 우리말 문장을 영어로 바꾸는 연습을 통해 자연스럽게 영어 문장 구조를 이해합니다.

2단계 – 1단계 학습 + 짧은 글 완성
영어 문장의 단어 배열 순서로 구성된 문제와 우리말 문장을 영어로 바꾸는 연습을 통해 자연스럽게 영어 문장 구조를 이해합니다.

3단계 – 1, 2단계 학습 + 영어 일기 완성
영어 문장의 단어 배열 순서로 구성된 문제와 우리말 문장을 영어로 바꾸는 연습을 통해 자연스럽게 영어 문장 구조를 이해합니다.

Part 1

Alphabet

알파벳

1. 알파벳과 구두점 따라쓰기
2. 알파벳과 구두점 쓰기

Note

영어의 알파벳은 모두 26개로, 5개의 모음(a, e, i, o, u)과 21개의 자음(b, c, d, f, g, h, j, k, l, m, n, p, q, r, s, t, v, w, x, y, z)으로 이루어져 있으며 글자의 모양에 따라 대문자와 소문자가 있습니다. 또한 알파벳 하나하나는 뜻이 없지만, 알파벳이 두 개 이상 모이면 뜻을 가지게 되는데 이것을 단어라고 합니다. 단어가 모여 문장을 만들게 되고 이런 문장의 끝에는 문장의 종류에 따라 온점(.), 물음표(?), 느낌표(!)를 붙입니다.

1. 알파벳과 구두점 따라쓰기

★ 알파벳과 구두점을 순서에 주의하여 따라 써 보세요.

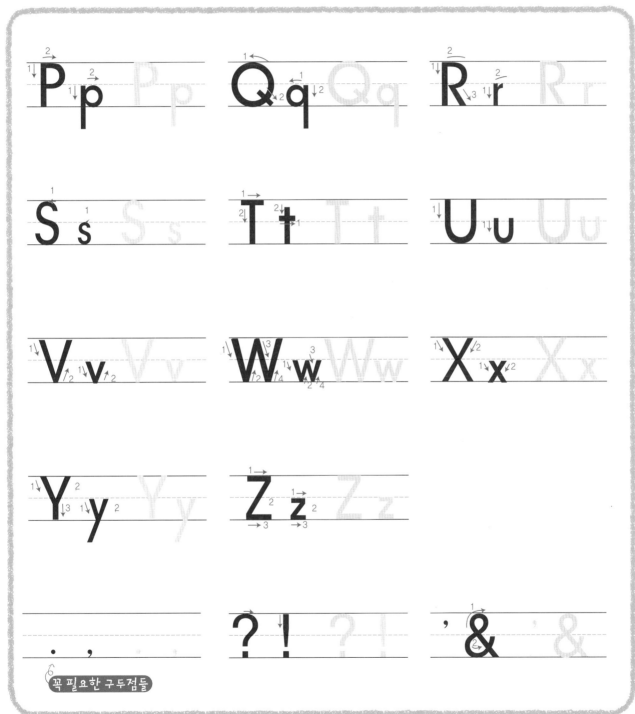

P p Pp   Q q Qq   R r Rr

S s Ss   T t Tt   U u Uu

V v Vv   W w Ww   X x Xx

Y y Yy   Z z Zz

. ,   ? ! ?!   , & ' &

꼭 필요한 구두점들

2. 알파벳과 구두점 쓰기

★ 알파벳과 구두점을 바르게 써 보세요.

Part ❷

My Family
나의 가족

1. **My Family and Friends ❶** 나의 가족과 친구들 1
2. **My Family and Friends ❷** 나의 가족과 친구들 2
3. **Around Me** 주변의 물건

Note

가족과 친구의 이름, 직업 등을 영어로 나타내는 문장을 만들어 보면서 사람을 소개하거나 그 사람의 특성을 표현하는 연습을 합니다. 또한 주변의 물건들을 가리킬 때 사용하는 다양한 표현들을 익히고 연습해 봅니다. be동사를 이용한 다양한 문장을 통해 기초 영어 문법을 학습합니다.

My Family

문장 만들기의 기본은 단어

문장을 만들기 위해서는 먼저 문장의 재료인 단어들이 필요해요. 알파벳이 모여 만들어진 단어는 성격에 따라 명사, 대명사, 동사, 형용사, 부사, 전치사 등이 있어요.

> **예** 명사 : 사람이나 사물의 이름을 나타내는 말   family 가족, friend 친구
> 대명사 : 사람이나 사물의 이름을 대신 나타내는 말   I 나는, she 그녀는
> 동사 : 사람이나 사물의 동작이나 상태를 나타내는 말 is ~이다, go 가다
> 형용사 : 사람이나 사물의 상태나 성질을 나타내는 말 new 새로운, big 큰

* 문법 용어에 너무 신경 쓰지 말고 실제 어떻게 쓰이는가에 주의하세요.

영어 문장 만들기

영어와 우리말의 가장 큰 차이점은 단어 배열 순서에 있어요. 우리말은 조사를 이용한 의미 중심의 언어로 단어 배열이 중요하지 않아요. 하지만 영어는 단어가 어떤 자리에 놓이는지에 따라서 문장이 만들어지며 문장을 만드는 데 규칙이 있어요.

> **예** 〈문장 만들기의 기본 규칙〉
> 1. 문장의 앞에는 주어가 있어야 합니다.
> 2. 주어 다음에는 동사가 오며 그 뒤에 올 말은 동사가 결정합니다.
> 3. 동사로 문장이 끝날 수도 있습니다.
> 4. 동사 뒤에 보어나 목적어가 올 수 있습니다.

> **TIPS**
> 주어는 '은, 는, 이, 가'가 붙는 말로 명사, 대명사가 쓰여요.
> 동사는 '~(이)다, ~하다'가 붙는 말로 동작이나 상태를 나타내요.
> 보어는 '~(한) 상태이다'가 붙는 말로 명사, 대명사, 형용사가 쓰여요.
> 목적어는 '~을, ~를'이 붙는 말로 명사나 대명사가 쓰여요.

Part 2 에서는 주어와 동사를 중심으로 문상을 쉽게 만드는 방법에 대해 알아볼 거예요. 먼저 be동사(am, are, is)로 이루어진 문장과 일반동사를 이용한 동작을 나타내는 문장을 통해 기본적인 문장 만들기와 가족과 친구, 주변의 물건을 나타내는 문장을 만들어 볼 거예요.

상자 안의 단어들을 차례대로 써 보면 자연스럽게 문장이 만들어지는 과정을 익히게 되고 영어 문장 만들기의 규칙도 알 수 있어요. 또한 부정문이나 의문문, 소유격을 이용한 다양한 문장을 영어로 나타낼 수 있어요.

⟨미리 알아보는 문법⟩

1. be동사 : am, are, is(~이다)

→ be동사는 주어에 따라서 함께 쓰이는 단짝이 있으며 주어와 결합하여 '나는 ~이다(I am)' 라는 뜻으로 쓰여요. be동사 뒤에는 '선생님(a teacher)' 과 같은 보어와 함께 쓰여 '나는 선생님이다(I am a teacher.)' 이라는 문장을 만들 수 있어요.

I am, You are, He is, She is, We are, They are

2. 부정문 : not(~이 아니다)

→ '~이 아니다' 라는 말이 들어간 문장을 부정문이라고 하며 영어에서는 not을 사용하여 부정문을 만들어요. be동사 뒤에 not을 넣으면 쉽게 만들 만들 수 있답니다.

3. 의문문(물어보는 방법) : ~이니?

→ 물어보는 방법은 be동사를 문장의 맨 앞에 쓰고 그 다음에 주어를 쓰고 나머지는 그대로 쓰며 마지막엔 물음표(?)를 붙여서 만들어요. 영어에서는 문법 사항을 중요시하기 때문에 의문문이라는 것을 나타내기 위해 'be동사+주어' 의 순서로 쓰인 것이에요.

4. 소유격 : my, your, his, her, our, their

→ '~의' 라는 뜻으로 누구의 것인지 명확하게 소유 관계를 나타내 줘요.

my(나의), your(너의), his(그의), her(그녀의), our(우리의), their(그들의)

1. My Family and Friends ❶ 나의 가족과 친구들 1

★ 상자 안의 단어들을 차례대로 쓰면 가족과 친구를 소개하는 문장이 됩니다.

- **I am**
  나는 ~이다

- **You are**
  너는 ~이다

- **He is**
  그는 ~이다

- **She is**
  그녀는 ~이다

- **Minho is**
  민호는 ~이다

- **We are**
  우리는 ~이다

- **They are**
  그들은 ~이다

- **My father is**
  나의 아버지는 ~이다

- **My mother is**
  나의 어머니는 ~이다

- **My sister is**
  나의 언니는/여동생은 ~이다

- **My brother is**
  나의 형은/남동생은 ~이다

• **Minho.**	민호
• **Mina.**	미나
• **Korean.**	한국인
• **(숫자) years old.**	(숫자)살
• **a girl/girls.**	소녀/소녀들
• **a boy/boys.**	소년/소년들
• **from Seoul.**	서울 출신
• **a student/students.**	학생/학생들
• **a doctor/doctors.**	의사/의사들
• **a teacher/teachers.**	선생님/선생님들
• **a nurse/nurses.**	간호사/간호사들
• **a pilot/pilots.**	조종사/조종사들
• **a singer/singers.**	가수/가수들
• **a scientist/scientists.**	과학자/과학자들
• **a driver/drivers.**	운전사/운전사들
• **a dentist/dentists.**	치과의사/치과의사들

예 He is + a teacher. ➡ He is a teacher.
그는 선생님이다.

TIPS

We are와 They are는 둘 이상을 나타낼 때 사용합니다. 따라서
We are와 They are 뒤에는 여럿을 나타내는 말이 옵니다.
They are students. 그들은 학생들이다.

Quiz

I am _____. 나는 소년이다.

부정을 나타내는 방법

 He is + not + a teacher. → He is not a teacher.
그는 선생님이 아니다.

- **I am**
  나는 ~이다

→

not
아니다

n o t을 붙여 부정을
나타낸다.

- **You are**
  너는 ~이다

- **He is**
  그는 ~이다

- **She is**
  그녀는 ~이다

- **Minho is**
  민호는 ~이다

- **We are**
  우리는 ~이다

- **They are**
  그들은 ~이다

- **My father is**
  나의 아버지는 ~이다

- **My mother is**
  나의 어머니는 ~이다

- **My sister is**
  나의 언니는/여동생은 ~이다

- **My brother is**
  나의 형은/남동생은 ~이다

- **Minho.**　　　　　　　　　민호

- **Mina.**　　　　　　　　　미나

- **Korean.**　　　　　　　　한국인

- **(숫자) years old.**　　　(숫자)살

- **a girl**/girls.　　　　　　소녀/소녀들

- **a boy**/boys.　　　　　　소년/소년들

- **from Seoul.**　　　　　　서울 출신

- **a student**/students.　　학생/학생들

- **a doctor**/doctors.　　　의사/의사들

- **a teacher**/teachers.　　선생님/선생님들

- **a nurse**/nurses.　　　　간호사/간호사들

- **a pilot**/pilots.　　　　　조종사/조종사들

- **a singer**/singers.　　　가수/가수들

- **a scientist**/scientists.　과학자/과학자들

- **a driver**/drivers.　　　　운전사/운전사들

- **a dentist**/dentists.　　　치과의사/치과의사들

Quiz

I am _____ a pilot. 나는 조종사가 아니다.

물어보는 방법   예 Is he + a teacher + ? → Is he a teacher?
그는 선생님이니?

- **Am I**
  나는 ~이다

- **Are you**
  너는 ~이다

- **Is he**
  그는 ~이다

- **Is she**
  그녀는 ~이다

- **Is Minho**
  민호는 ~이다

- **Are we**
  우리는 ~이다

- **Are they**
  그들은 ~이다

- **Is my father**
  나의 아버지는 ~이시다

- **Is my mother**
  나의 어머니는 ~이시다

- **Is my sister**
  나의 언니는/여동생은 ~이다

- **Is my brother**
  나의 형은/남동생은 ~이다

- **Minho**   민호
- **Mina**   미나
- **Korean**   한국인
- **(숫자) years old**   (숫자)살
- **a girl/girls**   소녀/소녀들
- **a boy/boys**   소년/소년들
- **from Seoul**   서울 출신
- **a student/students**   학생/학생들
- **a doctor/doctors**   의사/의사들
- **a teacher/teachers**   선생님/선생님들
- **a nurse/nurses**   간호사/간호사들
- **a pilot/pilots**   조종사/조종사들
- **a singer/singers**   가수/가수들
- **a scientist/scientists**   과학자/과학자들
- **a driver/drivers**   운전사/운전사들
- **a dentist/dentists**   치과의사/치과의사들

- **?**
  ~?

TIPS
물어보는 문장에서는 am, are, is가 문장
앞에 오며 문장 끝에는 물음표(?)가 옵니다.

Quiz
Is she _____? 그녀는 간호사니?

주어진 우리말을 이용하여 영어 문장을 완성해 보세요.

1 _____ _____ .

그는 ~이다   학생

> We are와 They are 뒤에는 여럿을 나타내는 말이 와요!

2 _____ _____ .

우리는 ~이다   의사들

3 _____ _____ .

나의 어머니는 ~이다   과학자

4 _____ _____ _____ .

그녀는 ~이다   아니다   12살

5 _____ _____ _____ .

나의 아버지는 ~이다   아니다   치과의사

6 _____ _____ _____ .

나는 ~이다   아니다   서울 출신

7 _____ _____ _____ .

너의 형은 ~이다   기수   ~?

8 _____ _____ _____ .

그들은 ~이다   소녀들   ~?

9 _____ _____ _____ .

민호는 ~이다   한국인   ~?

문장 만들기 ❷

✿ 주어진 우리말을 영어로 바꾸어 문장을 만들어 보세요.

❶ 나의 언니는 간호사 이다.
　➡ _____

❷ 그녀는 치과의사 이니?
　➡ _____

❸ 그는 운전사 이다.
　➡ _____

❹ 나의 형은 선생님이 아니다.
　➡ _____

❺ 그들은 너의 남동생들 이다.
　➡ _____

❻ 나는 한국인 이다.
　➡ _____

❼ 우리는 조종사들이 아니다.
　➡ _____

❽ 민호는 10살 이다.
　➡ _____

❾ 당신은 서울 출신 이다.
　➡ _____

2. My Family and Friends ❷ 나의 가족과 친구들 2

★ 상자 안의 단어들을 차례대로 쓰면 사람을 소개하는 문장이 됩니다.

예 She is + your + mother. → She is your mother.
그녀는 너의 어머니이시다.

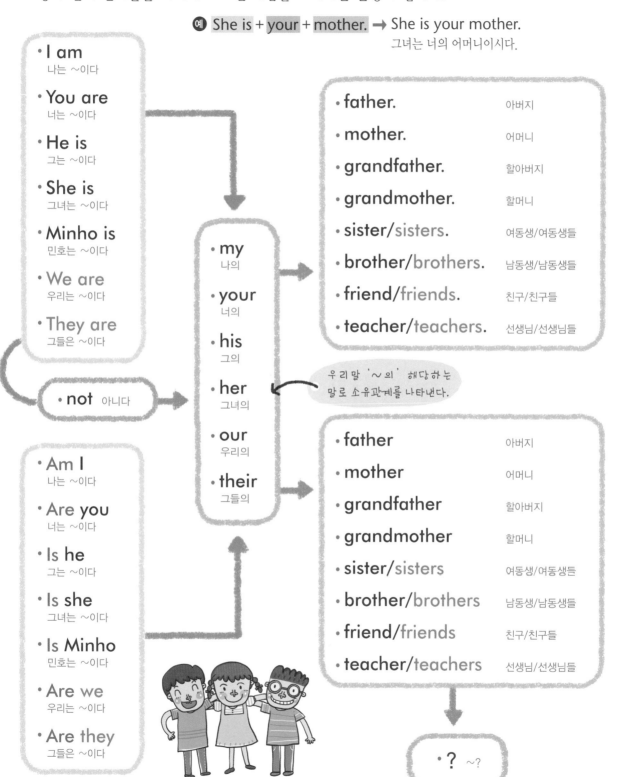

- **I am**
  나는 ~이다
- **You are**
  너는 ~이다
- **He is**
  그는 ~이다
- **She is**
  그녀는 ~이다
- **Minho is**
  민호는 ~이다
- **We are**
  우리는 ~이다
- **They are**
  그들은 ~이다

- **not** 아니다

- **Am I**
  나는 ~이다
- **Are you**
  너는 ~이다
- **Is he**
  그는 ~이다
- **Is she**
  그녀는 ~이다
- **Is Minho**
  민호는 ~이다
- **Are we**
  우리는 ~이다
- **Are they**
  그들은 ~이다

- **my**
  나의
- **your**
  너의
- **his**
  그의
- **her**
  그녀의
- **our**
  우리의
- **their**
  그들의

우리말 '~의' 해당하는 말로 소유관계를 나타낸다.

- **father.** 아버지
- **mother.** 어머니
- **grandfather.** 할아버지
- **grandmother.** 할머니
- **sister/sisters.** 여동생/여동생들
- **brother/brothers.** 남동생/남동생들
- **friend/friends.** 친구/친구들
- **teacher/teachers.** 선생님/선생님들

- **father** 아버지
- **mother** 어머니
- **grandfather** 할아버지
- **grandmother** 할머니
- **sister/sisters** 여동생/여동생들
- **brother/brothers** 남동생/남동생들
- **friend/friends** 친구/친구들
- **teacher/teachers** 선생님/선생님들

- **?** ~?

Can/Can't

예 He + can + sing. → He can sing.
그는 노래할 수 있다.

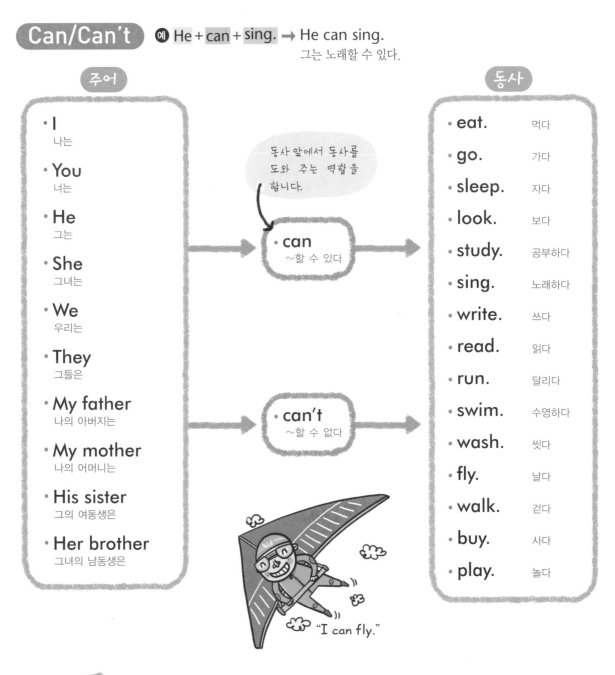

주어

- I
  나는
- You
  너는
- He
  그는
- She
  그녀는
- We
  우리는
- They
  그들은
- My father
  나의 아버지는
- My mother
  나의 어머니는
- His sister
  그의 여동생은
- Her brother
  그녀의 남동생은

동사 앞에서 동사를 도와 주는 역할을 합니다.

- can
  ~할 수 있다

- can't
  ~할 수 없다

동사

- eat.　　먹다
- go.　　가다
- sleep.　　자다
- look.　　보다
- study.　　공부하다
- sing.　　노래하다
- write.　　쓰다
- read.　　읽다
- run.　　달리다
- swim.　　수영하다
- wash.　　씻다
- fly.　　날다
- walk.　　걷다
- buy.　　사다
- play.　　놀다

"I can fly."

Quiz

1. He is _____. 그는 너의 아버지다.

2. Is she _____? 그녀는 그녀의 여동생이니?

3. He can _____. 그는 볼 수 있다.

물어보는 방법

- **Can**
  ~할 수 있다

주어 앞에 can을 쓰면 됩니다.

주어

- **I** 나는
- **you** 너는
- **he** 그는
- **she** 그녀는
- **we** 우리는
- **they** 그들은
- **my father** 나의 아버지는
- **my mother** 나의 어머니는
- **his sister** 그의 여동생은
- **her brother** 그녀의 남동생은

동사

- **eat** 먹다
- **go** 가다
- **sleep** 자다
- **look** 보다
- **study** 공부하다
- **sing** 노래하다
- **write** 쓰다
- **read** 읽다
- **run** 달리다
- **swim** 수영하다
- **wash** 씻다
- **fly** 날다
- **walk** 걷다
- **buy** 사다
- **play** 놀다

- **?**
  ~?

TIPS

play soccer(축구를 하다)처럼 '~을/를'에 해당하는 말과 함께 쓰일 수도 있습니다.

play soccer 축구를 하다   play the piano 피아노를 연주하다

eat apples 사과를 먹다   wash the hands 손을 씻다

Quiz

1. Can she _____? 그녀는 날 수 있니?
2. Can you _____? 너는 쓸 수 있니?

주어진 우리말을 이용하여 영어 문장을 완성해 보세요.

1

그녀는 ~이다 그의 어머니

> 문장을 만들 때 주의할 것은 문장의 첫 글자는 항상 대문자로 씁니다.

2

너는 ~할 수 있다 읽다

3

그의 여동생은 ~할 수 없다 수영하다

4

민호는 ~이다 아니다 너의 남동생

5

그는 ~이다 그들의 선생님 ~?

6

우리는 ~할 수 있다 먹다

> 주어 앞에 can을 쓰고 문장 끝에 물음표를 붙이면 물어보는 문장이 됩니다.

7

그는 ~이다 그녀의 할아버지

8

~할 수 있다 그녀는 날다 ~?

9

~할 수 있다 그녀는 남동생 걷다 ~?

문장 만들기 ②

✿ 주어진 우리말을 영어로 바꾸어 문장을 만들어 보세요.

❶ 그녀는 잘 수 있다.
➡ _____

❷ 그녀는 너의 선생님 이니?
➡ _____

❸ 나의 남동생은 쓸 수 있다.
➡ _____

❹ 그들은 노래할 수 있니?
➡ _____

❺ 그녀는 그의 할머니 이다.
➡ _____

❻ 그들은 수영할 수 없다.
➡ _____

❼ 그는 그녀의 오빠 이다.
➡ _____

❽ 그들은 그의 친구들 이니?
➡ _____

❾ 나의 여동생은 달릴 수 있다.
➡ _____

3. Around Me 주변의 물건

★ 상자 안의 단어들을 차례대로 쓰면 주변에 있는 물건을 나타내는 문장이 됩니다.

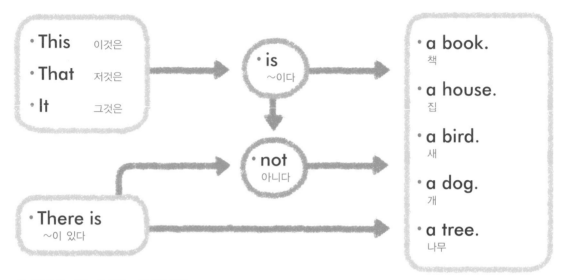

예 This + is + not + a bird. → This is not a bird.
이것은 새가 아니다.

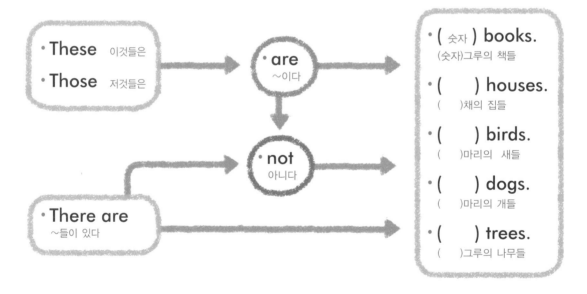

Quiz

1. This is _____. 이것은 책이다.

2. There is not _____. 개가 있지 않다(없다).

3. There are _____. 4그루의 나무들이 있다.

예 That + bird + is + cute. → That bird is cute. 저 새는 귀엽다.

- This
  이
- That
  저
- The
  그

- book
  책
- house
  집
- bird
  새
- dog
  개
- tree
  나무

- is
  ~이다

- new.
  새로운
- old.
  오래된
- cute.
  귀여운
- small.
  작은
- tall.
  큰
- red.
  빨간색의
- blue.
  파란색의
- heavy.
  무거운
- light.
  가벼운
- beautiful.
  아름다운
- strong.
  강한

- My   나의
- Your 너의
- His   그의
- Her   그녀의
- Our   우리의
- Their 그들의

- is not
  ~이 아니다

- are not
  ~이 아니다

- These
  이 ~들
- Those
  저 ~들

- books
  책들
- houses
  집들
- birds
  새들
- dogs
  개들
- trees
  나무들

- are
  ~이다

Quiz

1. This book is _____. 이 책은 무겁다.

2. My house is not _____. 나의 집은 빨간색이 아니다.

3. Those birds are _____. 저 새들은 작다.

물어보는 방법   예 Is this + a bird + ? → Is this a bird?
이것은 새니?

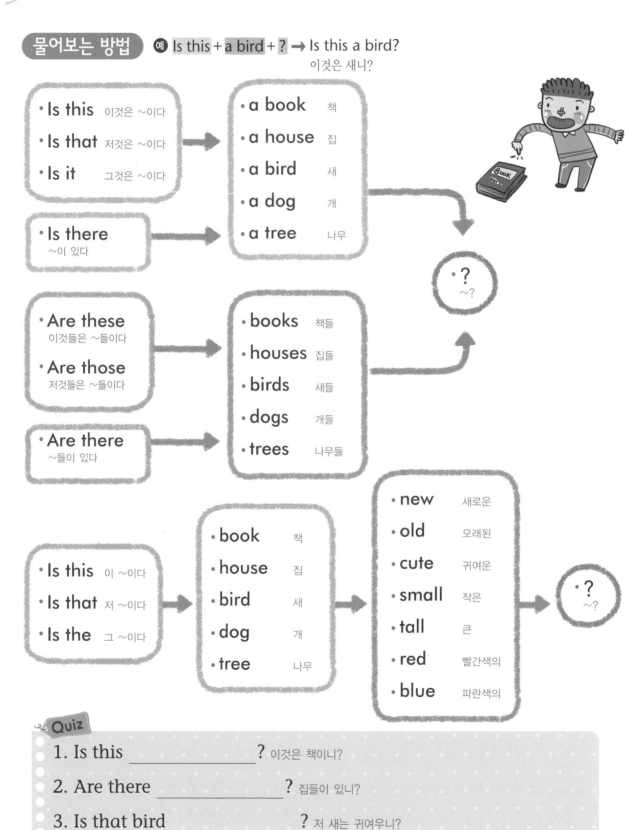

- Is this   이것은 ~이다
- Is that   저것은 ~이다
- Is it   그것은 ~이다

- Is there
  ~이 있다

- a book   책
- a house   집
- a bird   새
- a dog   개
- a tree   나무

- ? ~?

- Are these
  이것들은 ~들이다
- Are those
  저것들은 ~들이다

- Are there
  ~들이 있다

- books   책들
- houses   집들
- birds   새들
- dogs   개들
- trees   나무들

- Is this   이 ~이다
- Is that   저 ~이다
- Is the   그 ~이다

- book   책
- house   집
- bird   새
- dog   개
- tree   나무

- new   새로운
- old   오래된
- cute   귀여운
- small   작은
- tall   큰
- red   빨간색의
- blue   파란색의

- ? ~?

Quiz

1. Is this _____ ? 이것은 책이니?

2. Are there _____ ? 집들이 있니?

3. Is that bird _____ ? 저 새는 귀여우니?

문장 만들기 ❶

★ 주어진 우리말을 이용하여 영어 문장을 완성해 보세요.

❶
저것은	~이다	개

❷
~이 있다	아니다	나무

❸
이것들은	~이다	2권의 책들

❹
그	집	~이다	아름다운

❺
그녀의	책	~이다	오래된

❻
저	나무들	~이다	작은

❼
이것은 ~이다	책	~?

is와 are 모두 '~이다'라는 뜻이지만, 하나를 나타낼 때는 is를 쓰고, 여럿을 나타낼 때는 are를 씁니다.

❽
~들이 있다	아니다	새들

❾
저 ~이다	집	파란색의	~?

문장 만들기 ②

✿ 주어진 우리말을 영어로 바꾸어 문장을 만들어 보세요.

① 저것은 나무 이다.

➡ _____

② 그녀의 집은 작지 않다.

➡ _____

③ 이 책들은 가볍다.

➡ _____

④ 나의 개는 귀엽다.

➡ _____

⑤ 새들이 있니?

➡ _____

⑥ 저 집들은 파란색 이다.

➡ _____

⑦ 저 새들은 아름답니?

➡ _____

⑧ 이것은 책이 아니다.

➡ _____

⑨ 5마리의 개들이 있다.

➡ _____

Part 3

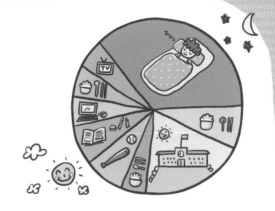

Daily Life

일상 생활

Note

아침부터 저녁 때까지 우리가 잘 사용하는 표현들을 동사 중심으로 그와 관련된 단어들을 이용해 문장을 만들어 봅니다. 또한 배운 문장들을 이용하여 짧은 글을 써 보며 영어 작문에 대한 자신감을 기르고 스스로 영어 문장을 만드는 연습을 해 봅니다.

Daily Life

🔅 문장 배열의 중심은 동사

단어 여러 개를 나열한다고 해서 문장이 되는 것이 아니며 단어들을 문장 만드는 규칙에 맞게 배열해야 맞는 문장이 돼요. 문장을 만들기 위해서는 문장의 주체가 되는 주어가 문장 앞에 있어야 하며 주어의 동작이나 상태를 나타내는 동사가 있어야 해요. 동사를 중심으로 앞뒤에 단어를 배열하여 문장이 만들어지게 됩니다.

> 우리말 문장 : 나는 영어를 공부한다. (조사를 통해 주어, 동사, 목적어 구별)
>
> 영어 문장 :   I study English. (조사가 없으며 문장 배열을 통해 주어, 동사, 목적어 구별)
>
> ---
> * 동사를 중심으로 앞에는 주어가 오며 뒤에는 보어나 목적어가 와요.
>
> - be동사는 주어와 보어가 있어야 해요.
> - study처럼 일반동사는 주어와 목적어가 있어야 해요.
> - 일반동사에 따라서 주어와 동사만으로 문장을 만들 수도 있어요.

🔅 풍부한 문장 만들기

주어, 동사, 보어, 목적어만으로 기본 문장 만들기를 할 수 있지만, 동사를 중심으로 문장에 살을 붙여 문장을 만들 수 있어요.

> 예 〈문장 만들기의 구조〉
>
> 주어(명사) + 동사 + 명사 / 전치사 + 명사
>
> 소유격/형용사   소유격/형용사   장소·방법·시간 등
>
> A sister goes. 여동생이 간다.
> → My pretty sister goes to the house. 나의 예쁜 여동생은 집에 간다.
>
> 1. 명사 앞에는 소유격이나 형용사를 넣어 명사구를 만들 수 있어요
> 2. '전치사 + 명사'가 문장에서 부사 역할을 하기도 해요.

* 구란? 단어가 두 개 이상 모여 의미를 나타내는 단어군을 말해요.

Part 3 에서는 동사를 중심으로 앞뒤에 단어를 붙여 일상 생활에서 자주 쓰는 문장을 만들어 보는 학습을 할 거예요. 활동별(아침, 오후, 저녁)로 구성된 동사를 이용해 나타낼 수 있는 다양한 표현들과 주어에 따라 달라지는 동사의 변형을 화살표를 따라 써 보며 자연스럽게 익힐 수 있어요.

상자 안의 단어들을 차례대로 쓰면서 큰 소리로 따라 말해보는 것이 중요해요. 손으로 직접 써 보면서 동시에 크게 읽어볼 때 실력이 빨리 늘어요. 또한 Part3에서는 문장 만들기에서 더 나아가 짧은 글을 직접 써 보면서 자신의 생각을 표현하는 연습을 합니다.

〈미리 알아보는 문법〉

1. 일반동사 : open, look, have ...

→ 주어의 움직임이나 행위를 나타내는 동사, 즉 우리가 일상 생활을 하는데 필요한 일반적인 동작을 나타낸다고 해서 일반동사라고 해요. 일반동사는 주어에 따라서 모양이 변하는데, 주어가 3인칭 단수(he, she, it, 사람 이름)일 때는 일반동사 뒤에 -s나 -es를 붙여야 해요. 또한 과거일 때는 일반동사 뒤에 -ed를 붙여요.

* 반드시 규칙적으로 변하는 것은 아니며 불규칙적으로 변하는 일반동사들도 있어요.
일반동사의 변화에 대해서는 꼭 익혀 두세요.

2. 동사 + 목적어/전치사+명사

→ 동사 뒤에는 '~을'에 해당하는 목적어(명사)가 올 수도 있고 '~에'에 해당하는 '전치사+명사'가 올 수도 있어요. 그런데 have와 같은 동사는 뒤에 목적어가 있어야 하는 동사랍니다. 문법에 너무 신경 쓰지 말고 문장 쓰임에 관심을 갖고 익히는 게 좋답니다.

I have a book. 나는 책을 가지고 있다.

He played at the park. 그는 공원에서 놀았다.

1. Morning Activities 아침 활동

★ 동사를 중심으로 차례대로 써 보면 일상 생활의 다양한 문장이 됩니다.

open, look 예 He + opened + the box. → He opened the box.
그는 그 상자를 열었다.

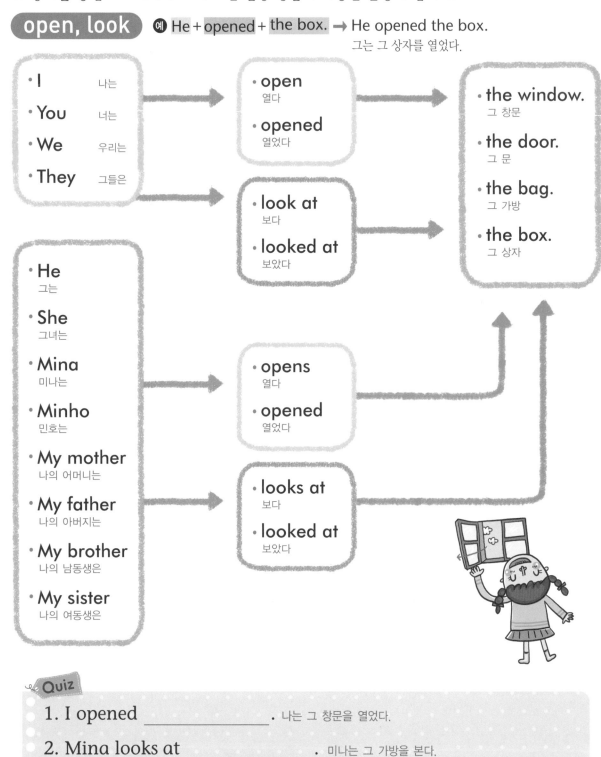

- I   나는
- You   너는
- We   우리는
- They   그들은

- open
  열다
- opened
  열었다

- look at
  보다
- looked at
  보았다

- the window.
  그 창문
- the door.
  그 문
- the bag.
  그 가방
- the box.
  그 상자

- He
  그는
- She
  그녀는
- Mina
  미나는
- Minho
  민호는
- My mother
  나의 어머니는
- My father
  나의 아버지는
- My brother
  나의 남동생은
- My sister
  나의 여동생은

- opens
  열다
- opened
  열었다

- looks at
  보다
- looked at
  보았다

Quiz

1. I opened _____ . 나는 그 창문을 열었다.

2. Mina looks at _____ . 미나는 그 가방을 본다.

wash, have

- **I**
  나는
- **You**
  너는
- **We**
  우리는
- **They**
  그들은

- **wash**
  씻다
- **washed**
  씻었다

- **have**
  가지다, 먹다
- **had**
  가졌다, 먹었다.

- (my) **hands.**
  나의 손
- (my) **body.**
  나의 몸
- (my) **clothes.**
  나의 옷

*( ) 안에는 소유격을 넣으면 됩니다.

- **He**
  그는
- **She**
  그녀는
- **Mina**
  미나는
- **Minho**
  민호는
- **My mother**
  나의 어머니는
- **My father**
  나의 아버지는
- **My brother**
  나의 남동생은
- **My sister**
  나의 여동생은

- **washes**
  씻다
- **washed**
  씻었다

- **has**
  가지다, 먹다
- **had**
  가졌다, 먹었다.

- **a book.**
  책
- **a doll.**
  인형
- **breakfast.**
  아침식사
- **a sister.**
  여동생
- **a brother.**
  남동생

Quiz

1. I washed _____. 나는 나의 손을 씻었다.
2. My sister has _____. 나의 여동생은 아침식사를 한다.

use, go

- **I**
  나는
- **You**
  너는
- **We**
  우리는
- **They**
  그들은

→

- **use**
  사용하다
- **used**
  사용했다

→

- **the computer.**
  그 컴퓨터
- **the bus.**
  그 버스
- **the ruler.**
  그 자
- **the telephone.**
  그 전화기

- **go**
  가다
- **went**
  갔다

- **He**
  그는
- **She**
  그녀는
- **Mina**
  미나는
- **Minho**
  민호는
- **My mother**
  나의 어머니는
- **My father**
  나의 아버지는
- **My brother**
  나의 남동생은
- **My sister**
  나의 여동생은

→

- **uses**
  사용하다
- **used**
  사용했다

- **goes**
  가다
- **went**
  갔다

- **to school.**
  학교에
- **to the house.**
  집에
- **fast.**
  빠르게
- **on a picnic.**
  소풍

Quiz

1. I used _____. 나는 그 자를 사용했다.

2. Minho _____ fast. 민호는 빠르게 간다.

✿ 주어진 우리말을 이용하여 영어 문장을 완성해 보세요.

①

| 우리는 | 보였다 | 그 문 |

②

| 나의 아버지는 | 열다 | 그 상자 |

③

| 그는 | 씻다 | 그의 몸 |

④

| 그녀는 | 가졌다 | 인형 |

⑤

| 너는 | 가지다 | 여동생 |

⑥

| 미나는 | 보다 | 그 창문 |

⑦

| 나는 | 가다 | 집에 |

⑧

| 나의 남동생은 | 사용했다 | 그 컴퓨터 |

⑨

| 그들은 | 갔다 | 소풍 |

문장 만들기 ❷

❀ 주어진 우리말을 영어로 바꾸어 문장을 만들어 보세요.

❶ 미나는 그 상자를 보았다.
➡ _____

❷ 나는 그 가방을 연다.
➡ _____

❸ 그녀는 그녀의 손을 씻는다.
➡ _____

❹ 나의 여동생은 아침식사를 했다.
➡ _____

❺ 민호는 책을 가졌다.
➡ _____

❻ 우리는 그 전화기를 사용한다.
➡ _____

❼ 그는 학교에 간다.
➡ _____

❽ 나의 남동생은 그 자를 사용했다.
➡ _____

❾ 나의 어머니는 그 가방을 본다.
➡ _____

문장 만들기 ③

✿ 주어진 문장을 영어로 바꾸어 짧은 글을 만들어 보세요.

민호는 그 창문을 보았다.
그는 그 상자를 열었다.
미나는 그녀의 손을 씻었다.
그녀는 아침식사를 했다.
그들은 학교에 갔다.
그들은 버스를 사용했다.

words

looked at 보았다 **opened** 열었다 **washed** 씻었다 **breakfast** 아침식사

2. Day Activities ❶ 낮 활동 1

★ 동사를 중심으로 차례대로 써 보면 일상 생활의 다양한 문장이 됩니다.

sit, study   예 We + study + science. → We study science.
우리는 과학을 공부한다.

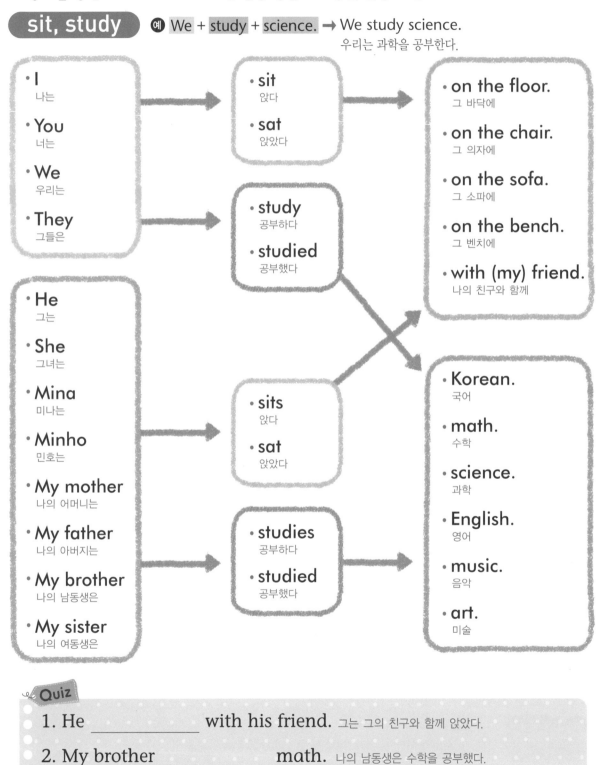

- I 나는
- You 너는
- We 우리는
- They 그들은

- sit 앉다
- sat 앉았다

- study 공부하다
- studied 공부했다

- on the floor. 그 바닥에
- on the chair. 그 의자에
- on the sofa. 그 소파에
- on the bench. 그 벤치에
- with (my) friend. 나의 친구와 함께

- He 그는
- She 그녀는
- Mina 미나는
- Minho 민호는
- My mother 나의 어머니는
- My father 나의 아버지는
- My brother 나의 남동생은
- My sister 나의 여동생은

- sits 앉다
- sat 앉았다

- studies 공부하다
- studied 공부했다

- Korean. 국어
- math. 수학
- science. 과학
- English. 영어
- music. 음악
- art. 미술

Quiz

1. He _____ with his friend. 그는 그의 친구와 함께 앉았다.

2. My brother _____ math. 나의 남동생은 수학을 공부했다.

listen, read

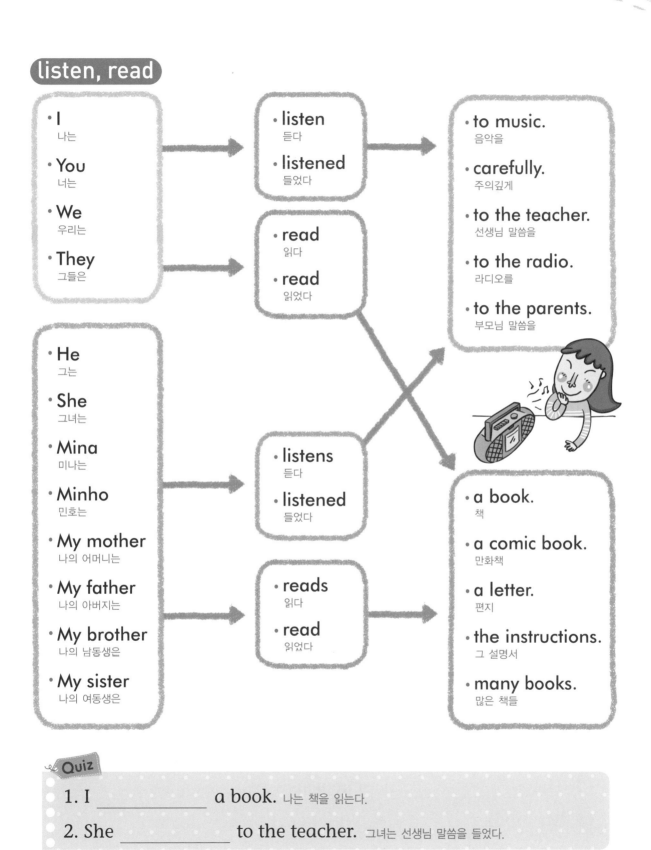

- I
  나는
- You
  너는
- We
  우리는
- They
  그들은

- listen
  듣다
- listened
  들었다

- read
  읽다
- read
  읽었다

- to music.
  음악을
- carefully.
  주의깊게
- to the teacher.
  선생님 말씀을
- to the radio.
  라디오를
- to the parents.
  부모님 말씀을

- He
  그는
- She
  그녀는
- Mina
  미나는
- Minho
  민호는
- My mother
  나의 어머니는
- My father
  나의 아버지는
- My brother
  나의 남동생은
- My sister
  나의 여동생은

- listens
  듣다
- listened
  들었다

- reads
  읽다
- read
  읽었다

- a book.
  책
- a comic book.
  만화책
- a letter.
  편지
- the instructions.
  그 설명서
- many books.
  많은 책들

Quiz

1. I _____ a book. 나는 책을 읽는다.

2. She _____ to the teacher. 그녀는 선생님 말씀을 들었다.

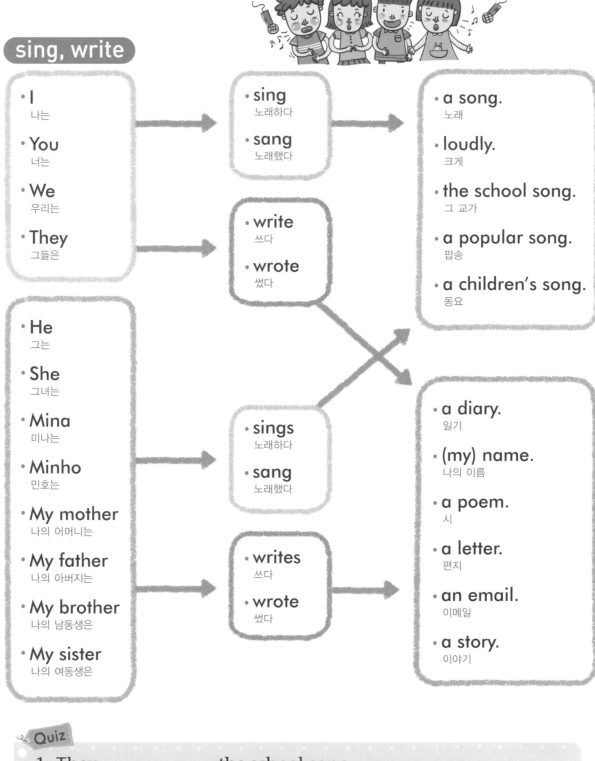

sing, write

- **I** 나는
- **You** 너는
- **We** 우리는
- **They** 그들은

→

- **sing** 노래하다
- **sang** 노래했다

→

- **a song.** 노래
- **loudly.** 크게
- **the school song.** 그 교가
- **a popular song.** 팝송
- **a children's song.** 동요

- **write** 쓰다
- **wrote** 썼다

- **He** 그는
- **She** 그녀는
- **Mina** 미나는
- **Minho** 민호는
- **My mother** 나의 어머니는
- **My father** 나의 아버지는
- **My brother** 나의 남동생은
- **My sister** 나의 여동생은

→

- **sings** 노래하다
- **sang** 노래했다

- **writes** 쓰다
- **wrote** 썼다

→

- **a diary.** 일기
- **(my) name.** 나의 이름
- **a poem.** 시
- **a letter.** 편지
- **an email.** 이메일
- **a story.** 이야기

Quiz

1. They _____ the school song. 그들은 그 교가를 부른다.

2. My mother _____ a letter. 나의 어머니는 편지를 쓰셨다.

주어진 우리말을 이용하여 영어 문장을 완성해 보세요.

1

| 나는 | 앉았다 | 그 소파에 |

2

| 나의 아버지는 | 듣다 | 음악을 |

3

| 우리는 | 공부했다 | 영어 |

4

| 나의 여동생은 | 읽었다 | 만화책 |

5

| 그들은 | 불렀다 | 동요 |

6

| 그녀는 | 쓰다 | 편지 |

7

| 그는 | 공부하다 | 미술 |

8

| 미나 | 앉다 | 그 벤치에 |

9

| 민호는 | 썼다 | 일기 |

문장 만들기 ②

✿ 주어진 우리말을 영어로 바꾸어 문장을 만들어 보세요.

❶ 우리는 바닥에 앉았다.
→ _____

❷ 그들은 라디오를 듣는다.
→ _____

❸ 나의 남동생은 과학을 공부했다.
→ _____

❹ 나는 편지를 읽었다.
→ _____

❺ 그녀는 팝송을 불렀다.
→ _____

❻ 민호는 이야기를 쓴다.
→ _____

❼ 나의 어머니는 영어를 공부한다.
→ _____

❽ 그는 의자에 앉았다.
→ _____

❾ 미나는 그녀의 이름을 썼다.
→ _____

문장 만들기 ❸

✽ 주어진 문장을 영어로 바꾸어 짧은 글을 만들어 보세요.

미나는 의자에 앉았다.
그녀는 영어를 공부했다.
민호는 음악을 들었다.
그는 편지를 읽었다.
그들은 노래를 불렀다.
나는 일기를 쓴다.

3. Day Activities ❷ 낮 활동 2

★ 동사를 중심으로 차례대로 써 보면 일상 생활의 다양한 문장이 됩니다.

play, talk 예 I + played + soccer. → I played soccer.
나는 축구를 했다.

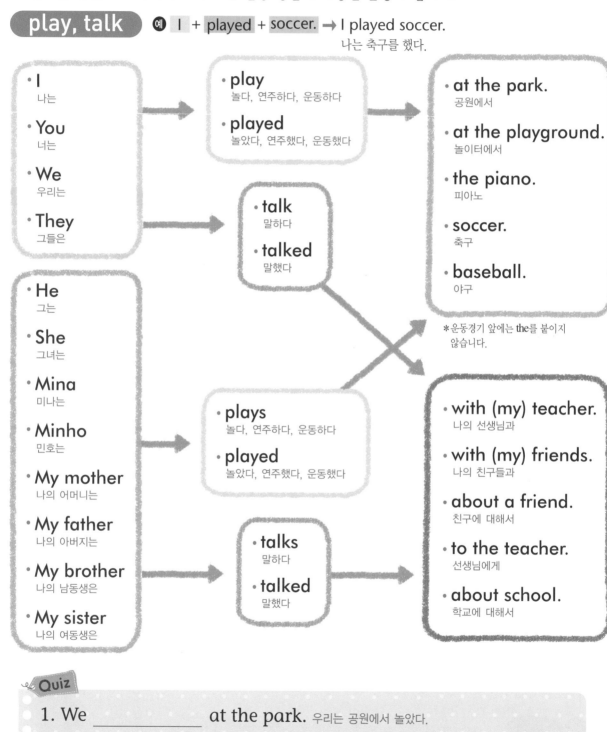

- **I** 나는
- **You** 너는
- **We** 우리는
- **They** 그들은

- **play** 놀다, 연주하다, 운동하다
- **played** 놀았다, 연주했다, 운동했다

- **talk** 말하다
- **talked** 말했다

- **at the park.** 공원에서
- **at the playground.** 놀이터에서
- **the piano.** 피아노
- **soccer.** 축구
- **baseball.** 야구

＊운동경기 앞에는 **the**를 붙이지 않습니다.

- **He** 그는
- **She** 그녀는
- **Mina** 미나는
- **Minho** 민호는
- **My mother** 나의 어머니는
- **My father** 나의 아버지는
- **My brother** 나의 남동생은
- **My sister** 나의 여동생은

- **plays** 놀다, 연주하다, 운동하다
- **played** 놀았다, 연주했다, 운동했다

- **talks** 말하다
- **talked** 말했다

- **with (my) teacher.** 나의 선생님과
- **with (my) friends.** 나의 친구들과
- **about a friend.** 친구에 대해서
- **to the teacher.** 선생님에게
- **about school.** 학교에 대해서

Quiz

1. We _____ at the park. 우리는 공원에서 놀았다.

2. He _____ to the teacher. 그는 선생님에게 말한다.

swim, borrow

- **I**
  나는
- **You**
  너는
- **We**
  우리는
- **They**
  그들은

→

- **swim**
  수영하다
- **swam**
  수영했다

- **borrow**
  빌리다
- **borrowed**
  빌렸다

→

- **in the pool.**
  수영장에서
- **in the river.**
  강에서
- **in the sea.**
  바다에서
- **in the lake.**
  호수에서
- **afternoon.**
  오후에

- **He**
  그는
- **She**
  그녀는
- **Mina**
  미나는
- **Minho**
  민호는
- **My mother**
  나의 어머니는
- **My father**
  나의 아버지는
- **My brother**
  나의 남동생은
- **My sister**
  나의 여동생은

→

- **swims**
  수영하다
- **swam**
  수영했다

- **borrows**
  빌리다
- **borrowed**
  빌렸다

→

- **a book.**
  책
- **a pencil.**
  연필
- **a ruler.**
  자
- **an eraser.**
  지우개
- **a ball.**
  공
- **some money.**
  약간의 돈

Quiz

1. Mina _____ in the sea. 미나는 바다에서 수영한다.

2. I _____ a ball. 나는 공을 빌렸다.

win, enjoy

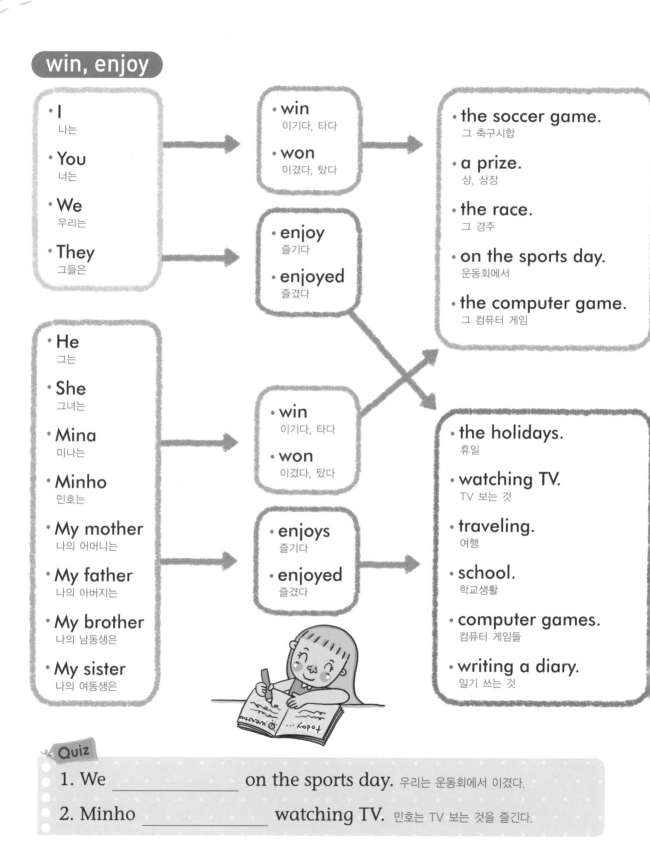

- **I**
  나는
- **You**
  너는
- **We**
  우리는
- **They**
  그들은

- **win**
  이기다, 타다
- **won**
  이겼다, 탔다

- **enjoy**
  즐기다
- **enjoyed**
  즐겼다

- **the soccer game.**
  그 축구시합
- **a prize.**
  상, 상장
- **the race.**
  그 경주
- **on the sports day.**
  운동회에서
- **the computer game.**
  그 컴퓨터 게임

- **He**
  그는
- **She**
  그녀는
- **Mina**
  미나는
- **Minho**
  민호는
- **My mother**
  나의 어머니는
- **My father**
  나의 아버지는
- **My brother**
  나의 남동생은
- **My sister**
  나의 여동생은

- **win**
  이기다, 타다
- **won**
  이겼다, 탔다

- **enjoys**
  즐기다
- **enjoyed**
  즐겼다

- **the holidays.**
  휴일
- **watching TV.**
  TV 보는 것
- **traveling.**
  여행
- **school.**
  학교생활
- **computer games.**
  컴퓨터 게임들
- **writing a diary.**
  일기 쓰는 것

Quiz

1. We _____ on the sports day. 우리는 운동회에서 이겼다.

2. Minho _____ watching TV. 민호는 TV 보는 것을 즐긴다.

주어진 우리말을 이용하여 영어 문장을 완성해 보세요.

1

　　　　　　　　　　　　　　　　　　　　　　　　　　　　　　　　　　　.

그는　　　　　　　　　놀았다　　　　　　　　　놀이터에서

2

　　　　　　　　　　　　　　　　　　　　　　　　　　　　　　　　　　　.

나의 남동생은　　　　　　　말한다　　　　　　　친구에 대해서

3

　　　　　　　　　　　　　　　　　　　　　　　　　　　　　　　　　　　.

민호는　　　　　　　　　수영했다　　　　　　　수영장에서

4

　　　　　　　　　　　　　　　　　　　　　　　　　　　　　　　　　　　.

나는　　　　　　　　　빌렸다　　　　　　　　　책

5

　　　　　　　　　　　　　　　　　　　　　　　　　　　　　　　　　　　.

나의 어머니는　　　　　　연주하다　　　　　　　피아노

6

　　　　　　　　　　　　　　　　　　　　　　　　　　　　　　　　　　　.

우리는　　　　　　　　　이겼다　　　　　　　　그 축구시합

7

　　　　　　　　　　　　　　　　　　　　　　　　　　　　　　　　　　　.

그녀는　　　　　　　　　말했다　　　　　　　　그녀의 친구들과

8

　　　　　　　　　　　　　　　　　　　　　　　　　　　　　　　　　　　.

그들은　　　　　　　　　즐겼다　　　　　　　　컴퓨터 게임들

9

　　　　　　　　　　　　　　　　　　　　　　　　　　　　　　　　　　　.

나는　　　　　　　　　이겼다　　　　　　　　그 경주

문장 만들기 ❷

✿ 주어진 우리말을 영어로 바꾸어 문장을 만들어 보세요.

❶ 나는 공원에서 놀았다.

➡ _____

❷ 그녀는 그녀의 선생님과 말한다.

➡ _____

❸ 그들은 강에서 수영했다.

➡ _____

❹ 그는 연필을 빌렸다.

➡ _____

❺ 나의 남동생은 야구를 했다.

➡ _____

❻ 그들은 운동회에서 이겼다.

➡ _____

❼ 우리는 학교에 대해 말했다.

➡ _____

❽ 미나는 여행을 즐겼다.

➡ _____

❾ 그는 상을 탔다.

➡ _____

문장 만들기 ③

✿ 주어진 문장을 영어로 바꾸어 짧은 글을 만들어 보세요.

나는 놀이터에서 놀았다.

나의 남동생은 그의 친구들과 말했다.

그는 수영장에서 수영했다.

나는 공을 빌렸다.

우리는 그 축구시합을 이겼다.

나는 일기 쓰는 것을 즐긴다.

---

 words -

with his friends 그의 친구들과   **borrowed** 빌렸다   **the soccer game** 그 축구시합   **diary** 일기

Part ③

4. Evening Activities 저녁 활동

★ 동사를 중심으로 차례대로 써 보면 일상생활의 다양한 문장이 됩니다.

help, cook 예 She + cooks + dinner. → She cooks dinner.
그녀는 저녁을 요리한다.

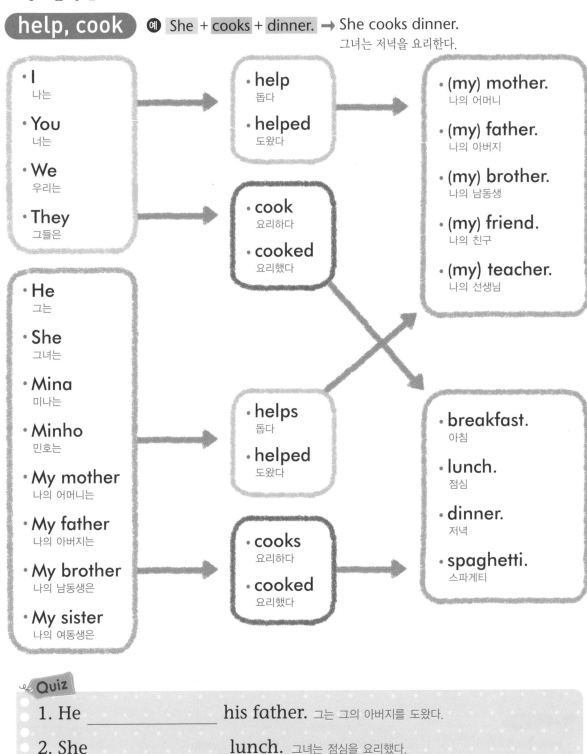

- **I** 나는
- **You** 너는
- **We** 우리는
- **They** 그들은

- **help** 돕다
- **helped** 도왔다

- **cook** 요리하다
- **cooked** 요리했다

- **(my) mother.** 나의 어머니
- **(my) father.** 나의 아버지
- **(my) brother.** 나의 남동생
- **(my) friend.** 나의 친구
- **(my) teacher.** 나의 선생님

- **He** 그는
- **She** 그녀는
- **Mina** 미나는
- **Minho** 민호는
- **My mother** 나의 어머니는
- **My father** 나의 아버지는
- **My brother** 나의 남동생은
- **My sister** 나의 여동생은

- **helps** 돕다
- **helped** 도왔다

- **cooks** 요리하다
- **cooked** 요리했다

- **breakfast.** 아침
- **lunch.** 점심
- **dinner.** 저녁
- **spaghetti.** 스파게티

Quiz

1. He _____ his father. 그는 그의 아버지를 도왔다.

2. She _____ lunch. 그녀는 점심을 요리했다.

watch, celebrate

- **I**
  나는
- **You**
  너는
- **We**
  우리는
- **They**
  그들은

→

- **watch**
  보다
- **watched**
  보았다

→

- **TV.**
  TV
- **a movie.**
  영화
- **carefully.**
  주의깊게
- **a musical.**
  뮤지컬
- **the baseball game.**
  그 야구시합

- **celebrate**
  축하하다
- **celebrated**
  축하했다

- **He**
  그는
- **She**
  그녀는
- **Mina**
  미나는
- **Minho**
  민호는
- **My mother**
  나의 어머니는
- **My father**
  나의 아버지는
- **My brother**
  나의 남동생은
- **My sister**
  나의 여동생은

→

- **watches**
  보다
- **watched**
  보았다

- **celebrates**
  축하하다
- **celebrated**
  축하했다

→

- **my birthday.**
  나의 생일
- **my graduation.**
  나의 졸업
- **Parents' Day.**
  어버이날
- **Chuseok.**
  추석
- **the New Year.**
  신년, 새해
- **Christmas.**
  크리스마스

Quiz

1. We _____ a movie. 우리는 영화를 보았다.

2. She _____ my graduation. 그녀는 나의 졸업을 축하했다.

sleep, close

- **I**
  나는
- **You**
  너는
- **We**
  우리는
- **They**
  그들은

- **sleep**
  자다
- **slept**
  잤다

- **close**
  닫다
- **closed**
  닫았다

- **on the bed.**
  그 침대에서
- **on the chair.**
  그 의자에서
- **on the bus.**
  그 버스에서
- **in the tent.**
  그 텐트에서
- **with (my) mother.**
  나의 어머니와 함께

- **He**
  그는
- **She**
  그녀는
- **Mina**
  미나는
- **Minho**
  민호는
- **My mother**
  나의 어머니는
- **My father**
  나의 아버지는
- **My brother**
  나의 남동생은
- **My sister**
  나의 여동생은

- **sleeps**
  자다
- **slept**
  잤다

- **closes**
  닫다
- **closed**
  닫았다

- **the door.**
  그 문
- **the book.**
  그 책
- **the box.**
  그 상자
- **the closet.**
  그 옷장
- **the refrigerator.**
  그 냉장고
- **the window.**
  그 창문

Quiz

1. She _____ with her mother. 그녀는 그녀의 어머니와 함께 잤다.

2. I _____ the box. 나는 그 상자를 닫았다.

문장 만들기 ❶

✿ 주어진 우리말을 이용하여 영어 문장을 완성해 보세요.

①

| 민호는 | 도왔다 | 그의 어머니 |

②

| 나의 어머니는 | 요리하다 | 저녁 |

③

| 우리는 | 보았다 | TV |

④

| 그들은 | 축하했다 | 나의 생일 |

⑤

| 나는 | 요리했다 | 스파게티 |

⑥

| 너는 | 잤다 | 너의 어머니와 함께 |

⑦

| 그녀는 | 닫았다 | 그 옷장 |

⑧

| 미나는 | 축하했다 | 어버이날 |

⑨

| 그는 | 잔다 | 그 버스에서 |

문장 만들기 ❷

✿ 주어진 우리말을 영어로 바꾸어 문장을 만들어 보세요.

① 나는 나의 선생님을 도왔다.
➡ _____

② 그들은 그 텐트에서 잤다.
➡ _____

③ 나의 아버지는 그 야구 시합을 보았다.
➡ _____

④ 우리는 그의 졸업을 축하했다.
➡ _____

⑤ 미나는 점심을 요리했다.
➡ _____

⑥ 그녀는 뮤지컬을 본다.
➡ _____

⑦ 나의 여동생은 그 냉장고를 닫았다.
➡ _____

⑧ 그는 크리스마스를 축하했다.
➡ _____

⑨ 그녀는 그 침대에서 잔다.
➡ _____

문장 만들기 ❸

❀ 주어진 문장을 영어로 바꾸어 짧은 글을 만들어 보세요.

나는 나의 어머니를 도왔다.

그녀는 저녁을 요리했다.

우리는 TV를 보았다.

그들은 나의 생일을 축하했다.

나는 그 문을 닫았다.

나는 그 침대에서 잤다.

_____

_____

_____

_____

_____

_____

words

helped 도왔다   **cooked** 요리했다   **celebrated** 축하했다   **closed** 닫았다   **slept** 잤다

Writing Note

Part 4

Time & Feelings

시간과 감정

---

1. **Time & Weather** 시간과 날씨
2. **Daily Routine** 하루 일과
3. **Feelings & Monthly Activities**
   감정과 월(月)별 활동

Note

날짜, 시간, 계절, 연도 등 시간과 관련된 활동과 날씨를 나타내는 표현을 학습하고 하루 일과와 관련된 다양한 표현들을 이용하여 쉽고 간단하게 영어일기를 쓰는 연습을 합니다. 이를 통해 시간, 날씨, 감정 등 영어일기를 쓰기 위해 필요한 표현들을 익혀 스스로 영어일기 쓰는 연습을 합니다.

Time & Feelings

☺ 명사를 빛나게 해 주는 형용사

형용사는 명사가 어떻게 생겼는지, 어떤 성질인지를 알려주는 말로 문장에서 명사의
성질이나 상태를 구체적으로 알려주는 말이에요. 상태나 색깔, 날씨, 숫자 등의 말들이
형용사이며 명사 앞이나 동사 뒤에서 주어의 성질이나 상태를 설명해 주는 역할을 해요.

> 상태 : nice, pretty, beautiful, famous, new, old, ...
> 색깔 : red, blue, white, black, brown, pink, green, ...
> 날씨 : sunny, clear, rainy, snowy, cloudy, windy, ...
> 숫자 : one, two, three, four, five, six, ...
> ---
> This is a new cap. I like the new cap.
> 이것은 새 모자다. 나는 그 새 모자를 좋아한다.

☺ 영어 문장 만들기

부사는 문장 만들기의 기본 요소는 아니지만, 동사의 의미를 명확하게 해주는 역할을 하며
동사 앞이나 뒤에 와요. '전치사+명사'가 문장에서 부사 역할을 하며 장소나 방법, 시간
등을 나타내기도 해요.

> **예** 〈문장 만들기의 구조〉
>
> 주어(명사) + 동사 + 명사 / 전치사 + 명사
>   ↑   ↑   ↑
>   부사 부사   장소·방법·시간 등
> ---
> 〈'전치사 + 명사' → 부사 역할〉
>
> to +장소   → to the park 공원에
> at + 시간   → at 7 o'clock 7시 정각에
> on + 날짜, 요일   → on Sunday 일요일에
> in + 월, 계절, 연도 → in spring 봄에
> at + 밤   → at night 밤에

Part 4 에서는 날짜, 시간, 계절과 관련된 문장과 날씨와 감정을 나디니는 표현에 대해 학습 할 거예요. 앞에서 배운 활동을 중심으로 시간, 날씨, 감정과 관련된 문장들을 활용하여 문장 만들기 뿐만 아니라 자신의 영어 일기를 써 보는 활동을 통해 자신의 생각을 써 봅니다.

앞에서는 동사 중심으로 문장 만들기를 했다면 Part 4에서는 월별 활동을 통해 다시 정리해 보며 연습해 봅니다. 계속 읽고 써 보며 문장을 익히는 게 중요해요.

〈미리 알아보는 문법〉

1. 영어로 날짜 쓰기

→ 우리는 '연도, 월 일, 요일' 의 순서로 쓰지만 영어로는 '요일, 월 일, 연도' 의 순서로 써요. 영어 일기에서 날짜를 쓸 때 주의해야 해요.

2009년 6월 15일, 월요일 → Monday, June 15, 2009

2. 비인칭 주어 it

→ it은 대명사로 '그것' 이라는 뜻을 가지고 있어요. 하지만 '시간, 날씨, 명암, 요일, 거리, 명암' 등을 나타낼 때 it을 주어로 사용하는데, 이때는 '그것' 이라고 해석하지 않아요.

2009년 9월 20일, 화요일이다. → It is Tuesday, September 20, 2009.

3. 미래를 나타내는 방법

→ 오늘 일은 현재, 어제 일어난 일은 과거이고 앞으로 일어날 일은 미래인데, 미래를 나타낼 때는 will을 사용해서 표현해요. will은 '~일 것이다' 라는 뜻으로 동사 앞에 넣어서 문장을 만들면 돼요.

I go on a picnic. 나는 소풍을 간다.
I will go on a picnic. 나는 소풍을 갈 것이다.

1. Time & Weather 시간과 날씨

★ 상자 안의 단어들을 차례대로 쓰면 날짜, 시간, 날씨를 나타내는 문장이 됩니다.

날짜, 시간, 계절

It is
~이다(요일)

- **Monday,** 월요일
- **Tuesday,** 화요일
- **Wednesday,** 수요일
- **Thursday,** 목요일
- **Friday,** 금요일
- **Saturday,** 토요일
- **Sunday,** 일요일

- **January** 1월
- **February** 2월
- **March** 3월
- **April** 4월
- **May** 5월
- **June** 6월
- **July** 7월
- **August** 8월
- **September** 9월
- **October** 10월
- **November** 11월
- **December** 12월

- 1   · 17
- 2   · 18
- 3   · 19
- 4   · 20
- 5   · 21
- 6   · 22
- 7   · 23
- 8   · 24
- 9   · 25
- 10 · 26
- 11 · 27
- 12 · 28
- 13 · 29
- 14 · 30
- 15 · 31
- 16

(시):(분) am/pm. 오전/오후

It is
~이다(시간, 연도)

- **1997.** 1997년
- **2008.** 2008년
- **2009.** 2009년
  ⋮

The season is
계절은 ~이다

- **spring.** 봄
- **summer.** 여름
- **fall.** 가을
- **winter.** 겨울

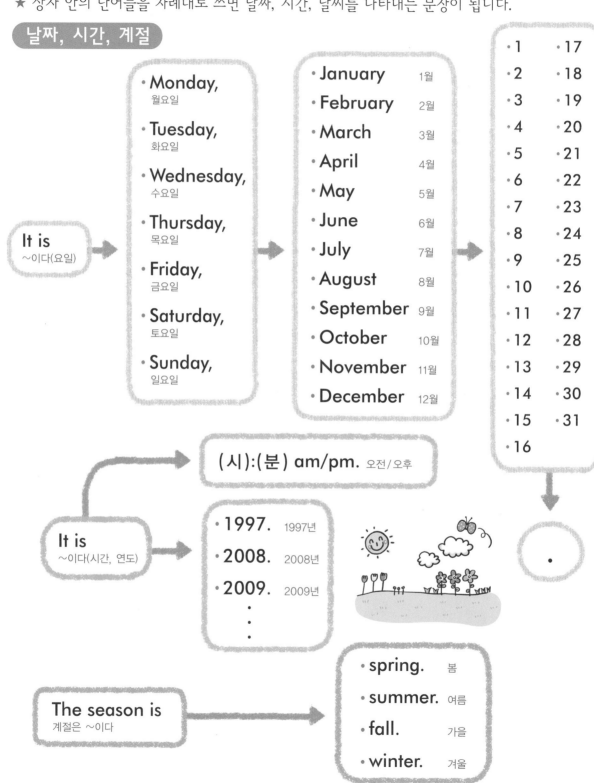

I
나는

met my friend
나의 친구를 만났다.

My school
나의 학교는

starts
시작한다

at
~에

*at은 시각 앞에
쓰입니다

- **6 o'clock.** 6시
- **7 o'clock.** 7시
- **8 o'clock.** 8시
- **9 o'clock.** 9시

I
나는

- **go to school**
  학교에 가다
- **played soccer**
  축구를 했다
- **have an exam**
  시험이 있다
- **had a party**
  파티를 했다

on
~에

*on은 요일 앞에
쓰입니다

- **Monday.**
  월요일
- **Tuesday.**
  화요일
- **Wednesday.**
  수요일
- **Thursday.**
  목요일
- **Christmas.**
  크리스마스
- **Children's Day.**
  어린이날
- **Halloween.**
  할로윈

- **will go on a picnic**
  소풍을 갈 것이다
- **planted trees**
  나무를 심었다
- **moved house**
  이사를 했다
- **made a snowman**
  눈사람을 만들었다

in
~에

*in은 월이나 계절,
연도 앞에 쓰입니다

- **the morning.** 아침
- **January.** 1월
- **April.** 4월
- **spring.** 봄
- **summer.** 여름
- **2007.** 2007년

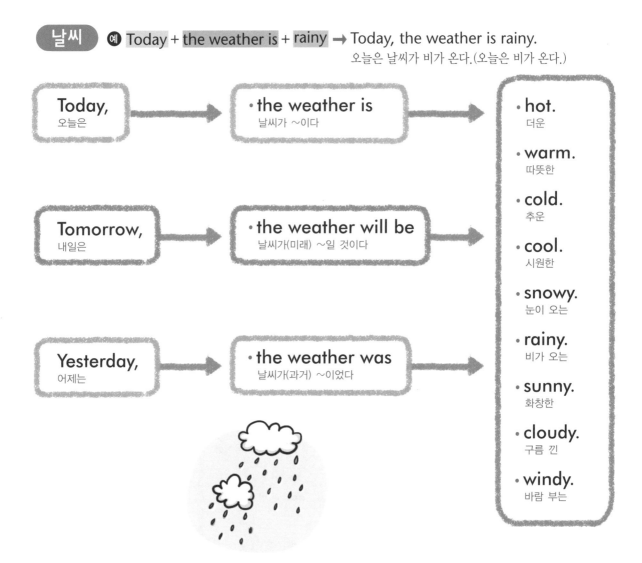

날씨 예 Today + the weather is + rainy → Today, the weather is rainy.
오늘은 날씨가 비가 온다.(오늘은 비가 온다.)

Today, 오늘은 → • **the weather is** 날씨가 ~이다 →

Tomorrow, 내일은 → • **the weather will be** 날씨가(미래) ~일 것이다 →

Yesterday, 어제는 → • **the weather was** 날씨가(과거) ~이었다 →

- **hot.** 더운
- **warm.** 따뜻한
- **cold.** 추운
- **cool.** 시원한
- **snowy.** 눈이 오는
- **rainy.** 비가 오는
- **sunny.** 화창한
- **cloudy.** 구름 낀
- **windy.** 바람 부는

Quiz

1. It is _____, May 15. 5월 15일 목요일이다.

2. It is 10:30 _____. 오전 10시 30분이다.

3. I played soccer _____. 나는 월요일에 축구를 했다.

4. I moved house _____. 나는 봄에 이사를 했다.

5. Today, the weather is _____. 오늘은 날씨가 춥다.

문장 만들기 ❶

✿ 주어진 우리말을 이용하여 영어 문장을 완성해 보세요.

1

계절은 ~이다　　　　겨울

2

~이다　　　　2009년

시각 앞에는 in, 요일 앞에는 on, 계절이나 월, 연도 앞에는 in이 '~에'라는 뜻으로 쓰입니다.

3

~이다　　　토요일,　　　10월　　　11일

4

나의 학교는　　　시작한다　　　~에(시각)　　　9시

5

나는　　　시험이 있다　　　~에(요일)　　　화요일

6

나는　　　나무를 심었다　　　~에(계절)　　　여름

7

어제는,　　　날씨가 ~이었다　　　따뜻한

8

나는　　　나의 친구를 만났다　　　~에(시각)　　　7시

9

나는　　　소풍을 갈 것이다　　　~에(월)　　　4월

문장 만들기 ❷

✿ 주어진 우리말을 영어로 바꾸어 문장을 만들어 보세요.

① 8월 25일 금요일 이다.

→ _____

② 계절은 여름 이다.

→ _____

③ 오후 10시 40분 이다.

→ _____

④ 나는 6시 에 나의 친구를 만났다.

→ _____

⑤ 나는 월요일 에 축구를 했다.

→ _____

⑥ 나는 어린이날 에 파티를 했다.

→ _____

⑦ 내일은 날씨가 시원할 것이다.

→ _____

⑧ 나는 수요일 에 학교에 간다.

→ _____

⑨ 나는 겨울 에 눈사람을 만들었다.

→ _____

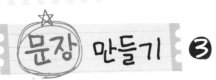

문장 만들기 ③

✤ 주어진 글을 영어로 바꾸어 짧은 글을 만들어 보세요.

3월 27일 월요일이다.

계절은 봄이다.

나는 봄에 나무들을 심었다.

오늘은 날씨가 화창하다.

나는 9시에 나의 친구를 만났다.

나는 일요일에 축구를 했다.

실력 다지기

❋ 배운 문장을 이용해 우리말 일기를 써 보고, 다시 영어일기를 쓰세요.

_____

Date: _____

Weather: _____

_____

_____

_____

_____

_____

우리말 일기

● ●

_____

_____

_____

_____

2. Daily Routine 하루 일과

★ 상자 안외 단이들을 사례내로 쓰면, 하루 일과에 관한 표현이 됩니다.

오전

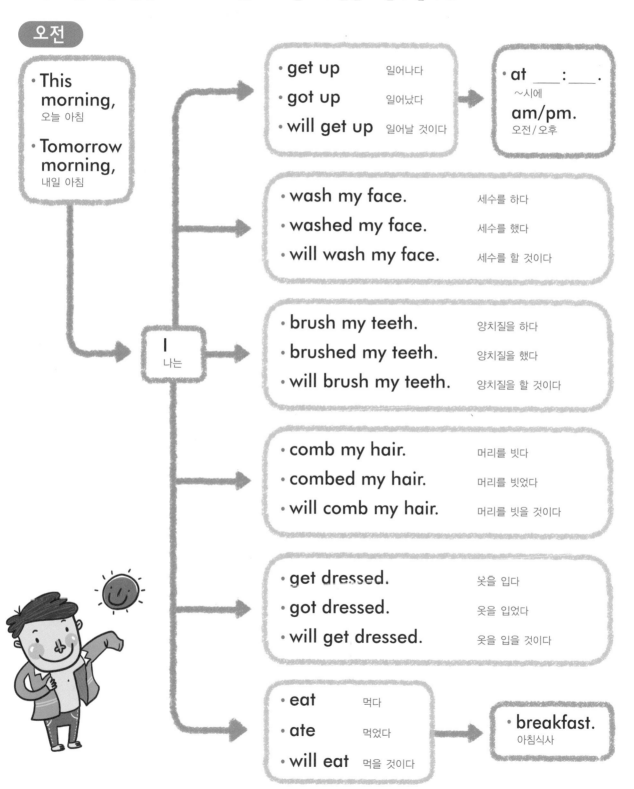

- **This morning,** 오늘 아침
- **Tomorrow morning,** 내일 아침

I 나는

- **get up** 일어나다
- **got up** 일어났다
- **will get up** 일어날 것이다

- **at ___:___.** ~시에
- **am/pm.** 오전/오후

- **wash my face.** 세수를 하다
- **washed my face.** 세수를 했다
- **will wash my face.** 세수를 할 것이다

- **brush my teeth.** 양치질을 하다
- **brushed my teeth.** 양치질을 했다
- **will brush my teeth.** 양치질을 할 것이다

- **comb my hair.** 머리를 빗다
- **combed my hair.** 머리를 빗었다
- **will comb my hair.** 머리를 빗을 것이다

- **get dressed.** 옷을 입다
- **got dressed.** 옷을 입었다
- **will get dressed.** 옷을 입을 것이다

- **eat** 먹다
- **ate** 먹었다
- **will eat** 먹을 것이다

- **breakfast.** 아침식사

오후

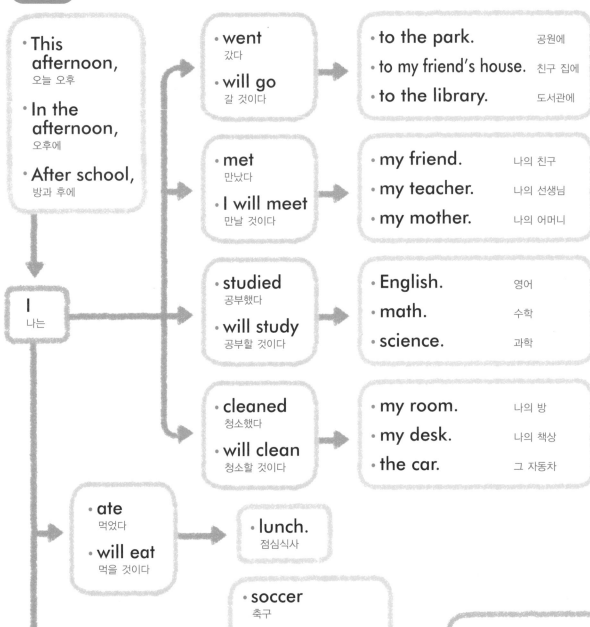

- **This afternoon,**
  오늘 오후
- **In the afternoon,**
  오후에
- **After school,**
  방과 후에

I
나는

- **went**
  갔다
- **will go**
  갈 것이다

- **to the park.**   공원에
- **to my friend's house.**   친구 집에
- **to the library.**   도서관에

- **met**
  만났다
- **I will meet**
  만날 것이다

- **my friend.**   나의 친구
- **my teacher.**   나의 선생님
- **my mother.**   나의 어머니

- **studied**
  공부했다
- **will study**
  공부할 것이다

- **English.**   영어
- **math.**   수학
- **science.**   과학

- **cleaned**
  청소했다
- **will clean**
  청소할 것이다

- **my room.**   나의 방
- **my desk.**   나의 책상
- **the car.**   그 자동차

- **ate**
  먹었다
- **will eat**
  먹을 것이다

- **lunch.**
  점심식사

- **played**
  놀았다
- **will play**
  놀 것이다

- **soccer**
  축구
- **baseball**
  야구
- **the piano**
  피아노
- **computer games**
  컴퓨터 게임들

- **with my friend.**
  친구와 함께
- **with my friends.**
  친구들과 함께
- **with my brother.**
  남동생과 함께

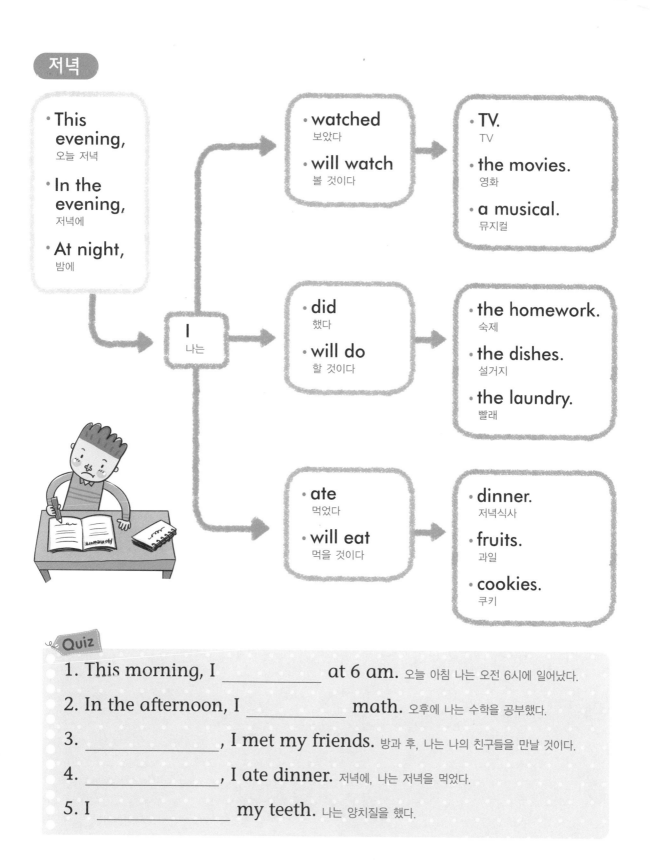

- **This evening,**
  오늘 저녁
- **In the evening,**
  저녁에
- **At night,**
  밤에

I
나는

- **watched**
  보았다
- **will watch**
  볼 것이다

- **TV.**
  TV
- **the movies.**
  영화
- **a musical.**
  뮤지컬

- **did**
  했다
- **will do**
  할 것이다

- **the homework.**
  숙제
- **the dishes.**
  설거지
- **the laundry.**
  빨래

- **ate**
  먹었다
- **will eat**
  먹을 것이다

- **dinner.**
  저녁식사
- **fruits.**
  과일
- **cookies.**
  쿠키

Quiz

1. This morning, I _____ at 6 am. 오늘 아침 나는 오전 6시에 일어났다.

2. In the afternoon, I _____ math. 오후에 나는 수학을 공부했다.

3. _____, I met my friends. 방과 후, 나는 나의 친구들을 만날 것이다.

4. _____, I ate dinner. 저녁에, 나는 저녁을 먹었다.

5. I _____ my teeth. 나는 양치질을 했다.

✱ 주어진 우리말을 이용하여 영어 문장을 완성해 보세요.

1

| | , | | | . |
| 오늘 아침, | | 나는 | 세수를 했다 | |

2

| | , | | | | . |
| 방과 후, | | 나는 | 축구를 했다 | 친구들과 함께 | |

3

| | , | | | | . |
| 내일 아침, | | 나는 | 일어날 것이다 | 오전 5시에 | |

4

| | , | | | | . |
| 오늘 저녁, | | 나는 | 했다 | 숙제 | |

5

| | , | | | | . |
| 오후에, | | 나는 | 갔다 | 공원에 | |

6

| | , | | | | . |
| 오늘 오후, | | 나는 | 청소했다 | 나의 방 | |

7

| | , | | | | . |
| 저녁에, | | 나는 | 볼 것이다 | TV | |

8

| | , | | | | . |
| 오늘 아침, | | 나는 | 먹었다 | 아침식사 | |

9

| | , | | | | . |
| 방과 후, | | 나는 | 만날 것이다 | 나의어머니 | |

문장 만들기 ❷

❀ 주어진 우리말을 영어로 바꾸어 문장을 만들어 보세요.

❶ 밤에, 나는 쿠키를 먹었다.
➡ _____

❷ 방과 후, 나는 영어를 공부할 것이다.
➡ _____

❸ 내일 아침, 나는 머리를 빗을 것이다.
➡ _____

❹ 오늘 저녁, 나는 설거지를 했다.
➡ _____

❺ 오후에, 나는 나의 친구를 만났다.
➡ _____

❻ 오늘 오후, 나는 친구와 함께 피아노를 연주했다.
➡ _____

❼ 저녁에, 나는 영화를 보았다.
➡ _____

❽ 오늘 아침, 나는 오전 6시에 일어났다.
➡ _____

❾ 방과 후, 나는 도서관에 갈 것이다.
➡ _____

문장 만들기 ❸

✿ 주어진 문장을 영어로 바꾸어 짧은 글을 만들어 보세요.

오늘 아침, 나는 오전 7시에 일어났다.
나는 세수를 했다.
방과 후, 나는 공원에 갈 것이다.
오후에, 나는 나의 친구를 만났다.
나는 친구와 함께 컴퓨터 게임들을 했다.
저녁에 나는 나의 숙제를 했다.

---

words

- -

got up 일어났다   **after school** 방과 후   **with my friend** 친구와 함께   **homework** 숙제

✽ 배운 문장을 이용해 우리말 일기를 써 보고, 다시 영어일기를 쓰세요.

_____

Date: _____

Weather: _____

_____

_____

_____

_____

_____

우리말 일기 ●

_____

_____

_____

_____

Part 4

3. Feelings & Monthly Activities 감정과 월별 활동

★ 상자 안의 단어들을 차례대로 쓰면 감정과 월별 활동을 나타내는 문장이 됩니다.

감정

I 나는	

- am ~이다
- was ~이었다

- You 너는
- We 우리는
- They 그들은

- are ~이다
- were ~이었다

- He 그는
- She 그녀는
- Mina 미나는
- Minho 민호는
- My brother 나의 남동생은
- My sister 나의 여동생은

- is ~이다
- was ~이었다

- happy. 행복한
- sad. 슬픈
- sleepy. 졸린
- excited. 흥미로운
- angry. 화가 난
- tired. 지친
- bored. 지루한
- hot. 더운
- cold. 차가운

Quiz

1. I was _____. 나는 행복했다.
2. He is _____. 그는 놀란다.
3. My brother was _____. 나의 남동생은 화가 났다.
4. They were _____. 그들은 지쳤다.
5. Mina is _____. 미나는 졸립다.

감정을 나타내는 말

기쁜	happy, pleased, glad	우울한	depressed, gloomy
만족한	satisfied, pleased	속이 상한	upset
행복한	happy	창피한	embarrassed
매우 기뻐하는	delighted	부끄러운	shy
슬픈	sad, sorrowful	초조한	nervous
놀란	surprised, astonished	혼란스러운	confused
화가 난	angry, mad	짜증스러운	annoyed
지친	tired	만족스럽지 않은	unsatisfied
지루한	bored	성급한	hasty
실망한	disappointed	긴장되는	tense
걱정하는	anxious, worried	충격 받은	shocked
겁먹은	scared, frightened	자랑스러운	proud
호기심이 강한	curious	좌절된	frustrated
흥분한	excited	분노하는	furious
질투하는	jealous	뉘우치는	regretful

happy

sad

1, 2월

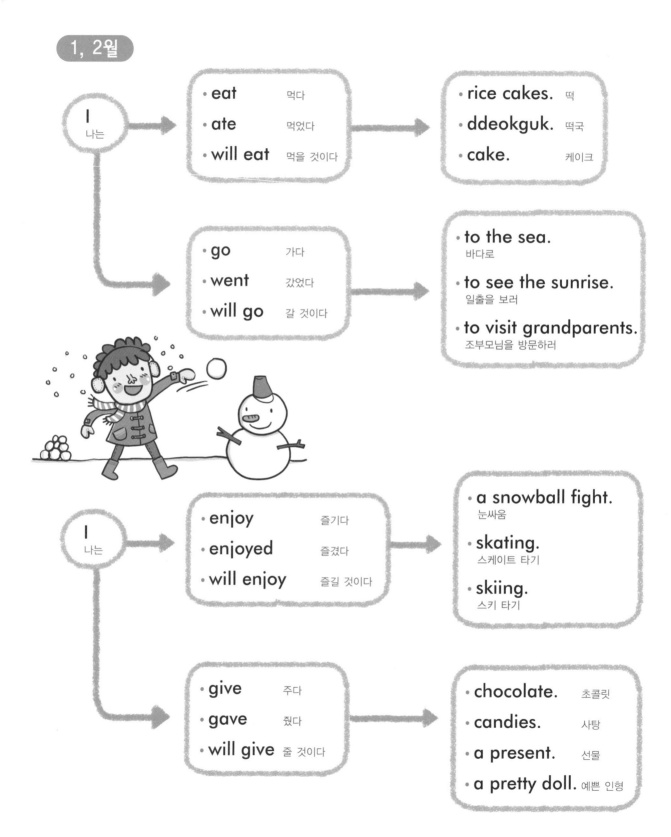

I 나는

- eat   먹다
- ate   먹었다
- will eat   먹을 것이다

- rice cakes. 떡
- ddeokguk. 떡국
- cake.   케이크

- go   가다
- went   갔었다
- will go   갈 것이다

- to the sea.
  바다로
- to see the sunrise.
  일출을 보러
- to visit grandparents.
  조부모님을 방문하러

I 나는

- enjoy   즐기다
- enjoyed   즐겼다
- will enjoy   즐길 것이다

- a snowball fight.
  눈싸움
- skating.
  스케이트 타기
- skiing.
  스키 타기

- give   주다
- gave   줬다
- will give   줄 것이다

- chocolate. 초콜릿
- candies.   사탕
- a present. 선물
- a pretty doll. 예쁜 인형

I 나는

- **meet** 만나다
- **met** 만났다
- **will meet** 만날 것이다

- **my new friends.** 나의 새로운 친구들
- **my teacher.** 나의 선생님
- **my father.** 나의 아버지

- **receive** 받다
- **received** 받았다
- **will receive** 받을 것이다

- **chocolate.** 초콜릿
- **candies.** 사탕
- **a present.** 선물
- **a pretty doll.** 예쁜 인형

I 나는

- **go** 가다
- **went** 갔다
- **will go** 갈 것이다

- **camping.** 캠핑
- **on a picnic.** 소풍을
- **to school.** 학교에(등교)
- **to the zoo.** 동물원에
- **to the gallery.** 미술관에

- **have** 가지다, 걸리다
- **had** 가졌다, 걸렸다
- **will have** 가질 것이다, 걸릴 것이다

- **a cold.** 감기
- **a fever.** 열
- **the flu.** 독감
- **a headache.** 두통

5, 6월

I
나는

- buy   사다
- bought   샀다
- will buy   살 것이다

- carnations.   카네이션들
- a present.   선물
- a toy car.   장난감 차
- a book.   책

- like   좋아하다
- liked   좋아했다
- will like   좋아할 것이다

- dogs.   개들
- apples.   사과들
- my new pants.   나의 새 바지

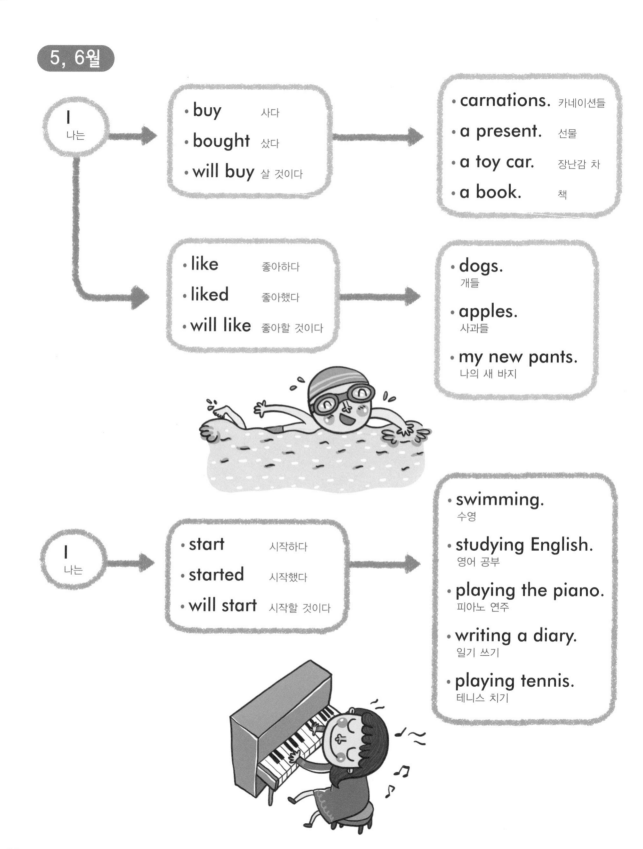

I
나는

- start   시작하다
- started   시작했다
- will start   시작할 것이다

- swimming.   수영
- studying English.   영어 공부
- playing the piano.   피아노 연주
- writing a diary.   일기 쓰기
- playing tennis.   테니스 치기

I
나는

- swim 수영하다
- swam 수영했다
- will swim 수영할 것이다

- in the pool. 수영장에서
- in the sea. 바다에서
- in the river. 강에서

- look 보다
- looked 보았다
- will look 볼 것이다

- at the stars. 별들을
- at the mountain. 산을
- at the girl. 그 소녀를
- at the sea. 바다를

I
나는

- go 가다
- went 갔다
- will go 갈 것이다

- fishing. 낚시
- camping. 캠핑
- shopping. 쇼핑
- hiking. 하이킹

- make 만들다
- made 만들었다
- will make 만들 것이다

- a kite. 연
- a model airplane. 모형 비행기
- a paper ship. 종이배

9, 10월

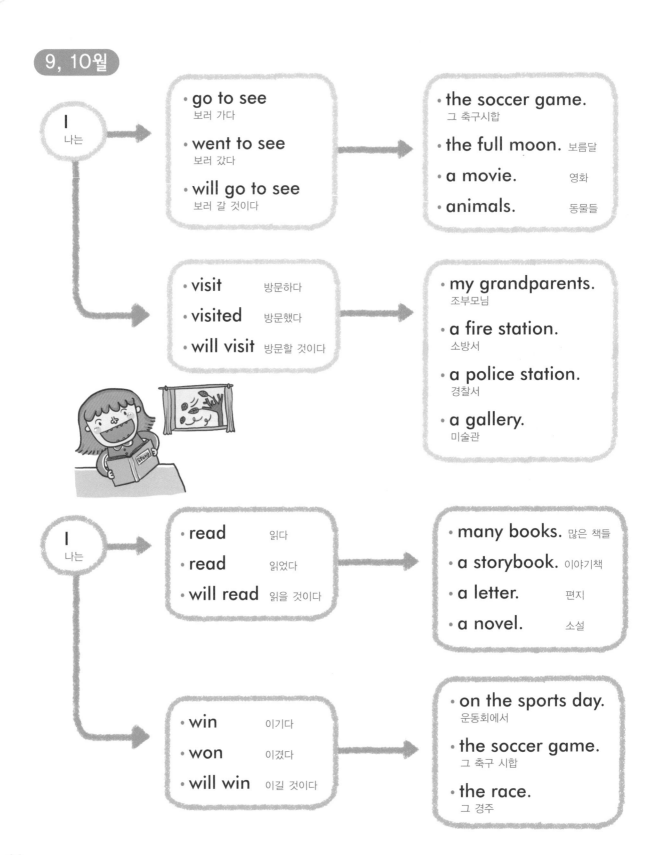

I
나는

- **go to see**
  보러 가다
- **went to see**
  보러 갔다
- **will go to see**
  보러 갈 것이다

- **the soccer game.**
  그 축구시합
- **the full moon.** 보름달
- **a movie.** 영화
- **animals.** 동물들

- **visit** 방문하다
- **visited** 방문했다
- **will visit** 방문할 것이다

- **my grandparents.**
  조부모님
- **a fire station.**
  소방서
- **a police station.**
  경찰서
- **a gallery.**
  미술관

I
나는

- **read** 읽다
- **read** 읽었다
- **will read** 읽을 것이다

- **many books.** 많은 책들
- **a storybook.** 이야기책
- **a letter.** 편지
- **a novel.** 소설

- **win** 이기다
- **won** 이겼다
- **will win** 이길 것이다

- **on the sports day.**
  운동회에서
- **the soccer game.**
  그 축구 시합
- **the race.**
  그 경주

I
나는

- enjoy 즐기다
- enjoyed 즐겼다
- will enjoy 즐길 것이다

- the Christmas party.
  그 크리스마스 파티
- the holidays.
  그 휴일
- traveling.
  여행

- celebrate
  축하하다
- celebrated
  축하했다
- will celebrate
  축하할 것이다

- Christmas.
  크리스마스
- the New Year.
  새해
- my friend's birthday.
  내 친구 생일

Quiz

1. I _____ a snowball fight. 나는 눈싸움을 즐겼다.

2. I _____ my new friends. 나는 나의 새로운 친구들을 만났다.

3. I _____ swimming. 나는 수영을 시작할 것이다.

4. I _____ a model airplane. 나는 모형 비행기를 만들었다.

5. I went _____ a movie. 나는 영화 보러 갔다.

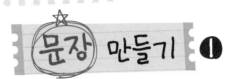

문장 만들기 ①

❋ 주어진 우리말을 이용하여 영어 문장을 완성해 보세요.

1 　　　　　　　　　　　　　　　　　　　　　　　　　　　　　.
　　　나는　　　　　　　　　　～이었다　　　　　　　　　행복한

2 　　　　　　　　　　　　　　　　　　　　　　　　　　　　　.
　　　우리는　　　　　　　　　　～이었다　　　　　　　　　화가 난

3 　　　　　　　　　　　　　　　　　　　　　　　　　　　　　.
　　　나의 남동생은　　　　　　　～이었다　　　　　　　　　놀란

4 　　　　　　　　　　　　　　　　　　　　　　　　　　　　　.
　　　나는　　　　　　　　　　받았다　　　　　　　　　선물

5 　　　　　　　　　　　　　　　　　　　　　　　　　　　　　.
　　　나는　　　　　　　　　수영할 것이다　　　　　　　　바다에서

6 　　　　　　　　　　　　　　　　　　　　　　　　　　　　　.
　　　나는　　　　　　　　　　방문했다　　　　　　　　조부모님

7 　　　　　　　　　　　　　　　　　　　　　　　　　　　　　.
　　　나는　　　　　　　　　　이겼다　　　　　　　　運동회에서

8 　　　　　　　　　　　　　　　　　　　　　　　　　　　　　.
　　　나는　　　　　　　　　　축하했다　　　　　　　　크리스마스

9 　　　　　　　　　　　　　　　　　　　　　　　　　　　　　.
　　　나는　　　　　　　　　　갈 것이다　　　　　　　일출을 보러

문장 만들기 ❷

✿ 주어진 우리말을 영어로 바꾸어 문장을 만들어 보세요.

❶ 나는 슬펐다.
➡
_____

❷ 나의 남동생은 지루했다.
➡
_____

❸ 나의 어머니는 행복했다.
➡
_____

❹ 나는 영화를 보러 갈 것이다.
➡
_____

❺ 나는 감기에 걸렸다.
➡
_____

❻ 나는 선물을 샀다.
➡
_____

❼ 나는 모형비행기를 만들 것이다.
➡
_____

❽ 나는 소방서를 방문했다.
➡
_____

❾ 나는 그 휴일을 즐겼다.
➡
_____

문장 만들기 ③

❋ 주어진 문장을 영어로 바꾸어 짧은 글을 만들어 보세요.

나는 예쁜 인형을 받았다.

나는 행복했다.

나는 학교에 갔다.

나는 나의 새로운 친구들을 만났다.

나는 그 축구 시합을 이겼다.

나는 내 친구 생일을 축하할 것이다.

words

received 받았다 **pretty** 예쁜 **new** 새로운 **won** 이겼다 **celebrate** 축하하다

✽ 배운 문장을 이용해 우리말 일기를 써 보고, 다시 영어일기를 쓰세요.

_____

Date: _____

Weather: _____

_____

_____

_____

_____

_____

_____

우리말 일기

● ●

_____

_____

_____

_____

Writing Note

Part 5

Questions & Answers

질문과 대답

How, What, Who,
Where, When, Why를
이용한 의문문 만들기

Note

How, What, Who, Where, When, Why 등의 의문사를 이용한 문장 패턴에 대하여 학습합니다. 실생활에서 자주 쓰이는 문장을 중심으로 의문사를 이용한 다양한 질문 유형을 통해 질문하는 문장과 여러 가지로 대답하는 문장을 연습합니다.

Questions & Answers

Questions 예 How + is + the weather? → How is the weather? 날씨가 어떠니?

How
어떤, 어떻게?

is → • **the weather?**
날씨

are → • **you?**
너는

do → • **you go to school?**
너는 학교에 가다

How old
몇 살?

are → • **you?**
너는

How tall
키가 얼마?

are → • **you?**
너는

How much
얼마나 많이(정도)?

is → • **it?**
그것은(가격)

How many
얼마나 많이(수)?

• **books** 책들
• **bags** 가방들

• **are there?**
~이 있다

Answers

- It is sunny.   화창하다.
- It is rainy.   비가 오다.
- It is snowy.   눈이 오다.

- I am fine.   좋다.
- I am tired.   피곤하다.

- I go to school by bus.   버스로 학교에 가다.
- I walk to school.   걸어서 학교에 가다.
- By subway.   지하철로 가다.

- I am 12 years old.   나는 12살이다.

- I am 140cm tall.   나는 140cm이다.

- It is 30 dollars.   30달러다.

- There are five books.   5권의 책이(책 5권이) 있다.
- There are two bags.   2개의 가방이(가방 2개가) 있다.

Questions   예 What + is + this? → What is this? 이것은 무엇이니?

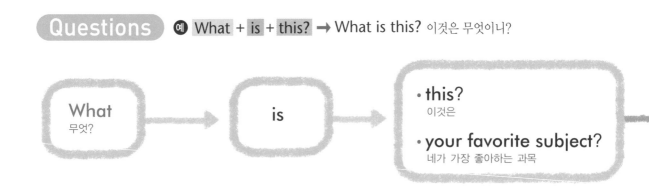

What
무엇? → is →

- this?
  이것은
- your favorite subject?
  네가 가장 좋아하는 과목

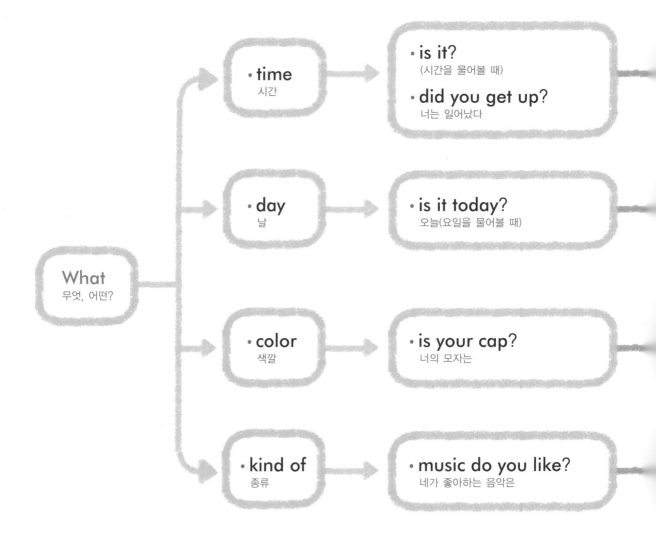

What
무엇, 어떤?

- time
  시간
  →
  - is it?
    (시간을 물어볼 때)
  - did you get up?
    너는 일어났다

- day
  날
  →
  - is it today?
    오늘(요일을 물어볼 때)

- color
  색깔
  →
  - is your cap?
    너의 모자는

- kind of
  종류
  →
  - music do you like?
    네가 좋아하는 음악은

Answers

- It is a soccer ball.   축구공이다.
- My favorite subjet is math.   내가 가장 좋아하는 과목은 수학이다.

- It is 3 o'clock.   3시다.
- I got up at 7 o'clock.   나는 7시에 일어났다.

- It is Tuesday.   화요일이다.

- My cap is red.   나의 모자는 빨간색이다.
- It is blue.   파란색이다.

- I like pop music.   나는 팝 음악을 좋아한다.

Questions

예 Who + is + your best friend? → Who is your best friend?
누가 너의 가장 친한 친구니?

Who 누구?

is → • **your best friend?** 너의 가장 친한 친구

can → • **swim in the sea?** 바다에서 수영하다

Where 어디?

do → • **you live?** 너는 살다
• **you want to go?** 너는 가기를 원하다

When 언제?

is → • **your birthday?** 너의 생일

Why 왜?

were → • **you late for school?** 너는 지각했다

✎ Quiz

1. How _____ are you? 너는 키가 얼마니?

2. What _____ is it today? 오늘은 무슨 요일이니?

Answers

- Minho is. 민호다.

- My father can swim in the sea. 나의 아버지는 바다에서 수영할 수 있다.

- I live in Seoul. 나는 서울에서 산다.
- I want to go to Jeju. 나는 제주에 가기를 원한다.

- It is June 15. 6월 15일이다.

- Because I got up late. 늦게 일어났기 때문이다.
- Because I was sick. 아팠기 때문이다.

Quiz

1. _____ can swim in the sea? 누가 바다에서 수영할 수 있니?

2. I go to school _____. 나는 버스로 학교에 간다.

문장 만들기 ❶

✻ 주어진 우리말을 영어로 바꾸어 문장을 만들어 보세요.

❶ Q: 날씨가 어떠니?

➡ _____

A: 비가 와.

➡ _____

❷ Q: 책들이 얼마나 많이 있니?

➡ _____

A: 책 5권이 있습니다.

➡ _____

❸ Q: 너가 가장 좋아하는 과목은 무엇 이니?

➡ _____

A: 내가 가장 좋아하는 과목은 수학 이야.

➡ _____

❹ Q: 너는 몇 시에 일어났니?

➡ _____

A: 나는 7시에 일어났어.

➡ _____

❺ Q: 너는 어디에 사니?

➡ _____

A: 나는 서울에 살아.

➡ _____

문장 만들기 ❷

✿ 주어진 우리말을 영어로 바꾸어 문장을 만들어 보세요.

❶ Q: 너는 몇 살 이니?

→ _____

A: 나는 12살이야.

→ _____

❷ Q: 너의 모자는 무슨 색깔 이니?

→ _____

A: 나의 모자는 빨간색이야.

→ _____

❸ Q: 너가 좋아하는 음악은 어떤 종류 이니?

→ _____

A: 나는 팝 음악을 좋아해.

→ _____

❹ Q: 너의 생일은 언제 이니?

→ _____

A: 6월 15일 이야.

→ _____

❺ Q: 너는 왜 지각했니?

→ _____

A: 늦게 일어났기 때문이야.

→ _____

✱ 주어진 문장을 영어로 바꾸어 짧은 글을 만들어 보세요.

나는 12살이다. 나는 서울에 산다.

나는 걸어서 학교에 간다.

내가 가장 좋아하는 과목은 영어이다.

화요일이다. 화창하다.

나는 지각을 했다.

나는 아팠기 때문이다.

---

words

live 살다   **walk** 걷다   **favorite** 가장 좋아하는   **be late for school** 지각하다   **sick** 아픈

✽ 배운 문장을 이용해 우리말 일기를 써 보고, 다시 영어일기를 쓰세요.

_____

Date: _____

Weather: _____

우리말 일기

실력 다지기

✽ 배운 문장을 이용해 우리말 일기를 써 보고, 다시 영어일기를 쓰세요.

_____

Date: _____

Weather: _____

_____

_____

_____

_____

_____

_____

우리말 일기

_____

_____

_____

_____

✿ 배운 문장을 이용해 우리말 일기를 써 보고, 다시 영어일기를 쓰세요.

_____

Date: _____

Weather: _____

_____

_____

_____

_____

_____

우리말 일기

_____

_____

_____

_____

Writing Note

부록

❋ 1. 영어일기를 위한 기초 정보

❋ 2. 영어작문을 위한 기초 문법

1. 영어일기를 위한 기초 정보

❶ 요일과 날짜 쓰기

일기는 매일매일 기억에 남는 일을 쓰는 거예요. 그러나 항상 특별히 기억에 남는 일들만 있는 것이 아니기 때문에 하루의 짧은 기록을 해 두는 것도 좋아요. 일기를 쓰기 위해서 우선 알아두어야 할 것은 요일과 날짜 쓰는 법이에요.

요일, 월 일, 연도 : Saturday, March 7, 2007

영어에서는 요일과 날짜를 쓸 때 '요일, 월 일, 연'의 순서로 써요. 요일 뒤에는 쉼표(,)를 쓰고 다음에 월을 쓰며, 일은 숫자로 쓰고 그 뒤에 쉼표를 붙인 다음 연도를 숫자로 써요.

Sunday, April 6, 1994

(읽을 때 : Sunday April sixth nineteen ninety-four)

Monday, June 14, 2007

(읽을 때 : Monday June fourteenth two thousand seven)

'4월 6일'을 쓸 때는 'April 6'라고 쓰고 읽을 때는 'April sixth'이라고 읽어요. 일은 읽을 때 서수로 읽어요. 연도는 두 자리씩 끊어서 읽는 것이 원칙이지만 '1800년, 1900년, 2007년'처럼 0이 포함된 것들은 있는 그대로 읽어요.

Tuesday, January 28

Friday, September 18

일기는 매일 쓰기 때문에 날짜를 쓸 때 연도를 생략할 수 있어요. 또한 요일과 월은 영어로 쓰며 항상 대문자로 시작하고 짧게 줄여 쓸 수도 있어요.

요일, 월

요일

일요일 Sunday (Sun.)

월요일 Monday (Mon.)

화요일 Tuesday (Tue.)

수요일 Wednesday (Wed.)

목요일 Thursday (Thu.)

금요일 Friday (Fri.)

토요일 Saturday (Sat.)

월

1월 January (Jan.)	7월 July (Jul.)
2월 February (Feb.)	8월 August (Aug.)
3월 March (Mar.)	9월 September (Sep.)
4월 April (Apr.)	10월 October (Oct.)
5월 May (May)	11월 November (Nov.)
6월 June (Jun.)	12월 December (Dec.)

요일과 월을 줄여 쓸 경우에는 줄여 쓰고 마지막에 마침표(.)를 찍어 줘요.

숫자

	기수						서수
1	one	11	eleven	30	thirty	1st	first
2	two	12	twelve	40	forty	2nd	second
3	three	13	thirteen	50	fifty	3rd	third
4	four	14	fourteen	60	sixty	4th	fourth
5	five	15	fifteen	70	seventy	5th	fifth
6	six	16	sixteen	80	eighty	6th	sixth
7	seven	17	seventeen	90	ninety	7th	seventh
8	eight	18	eighteen	100	one hundred	8th	eighth
9	nine	19	nineteen	1000	one thousand	9th	ninth
10	ten	20	twenty			10th	tenth
		21	twenty-one				
		22	twenty-two				

기수는 우리말로 '일, 이, 삼 …'이라고 읽는 숫자이고,

서수는 우리말로 '첫 번째, 두 번째, 세 번째 … '처럼 순서를 나타내는 숫자예요.

❷ 날씨와 한글 이름 영어로 쓰기

> **날씨**를 나타낼 때는 날씨와 관련된 명사나 형용사를 이용해 쓰면 되는데 첫 글자는 항상 대문자로 써요. 요일과 날짜 다음에 쉼표를 붙인 다음 날씨를 써 주면 된답니다.

Thursday, August 7, Sunny

Monday, October 25, Cloudy and rain

날씨가 맑으면 Sunny를 쓰면 되고 '흐리고 비'처럼 두 가지 사항을 모두 쓸 경우에는 and(그리고)를 이용해서 Cloudy and rain이라고 표현하면 돼요.

날씨를 나타내는 말들

맑은 ● sunny, clear	눈 오는 ● snowy, snow
비 오는 ● rainy, rain	구름 낀 ● cloudy
바람 부는 ● windy	추운 ● cold

한글 이름을 영어로 나타낼 때는 소리나는 대로 써요.

김진수 : Kim Jinsu   배혜원 : Bae Hyewon

ㄱ	ㄴ	ㄷ	ㄹ	ㅁ	ㅂ	ㅅ	ㅇ	ㅈ	ㅊ	ㅋ
g, k	n	d, t	r, l	m	b, p	s	ng	j	ch	k
ㅍ	ㅌ	ㅎ	ㄲ	ㄸ	ㅃ	ㅆ	ㅉ			
p	t	h	kk	tt	pp	ss	jj			
ㅏ	ㅓ	ㅗ	ㅜ	ㅡ	ㅣ	ㅐ	ㅔ	ㅚ	ㅟ	
a	eo	o	u	eu	i	ae	e	oe	wi	
ㅑ	ㅕ	ㅛ	ㅠ	ㅒ	ㅖ	ㅘ	ㅙ	ㅝ	ㅞ	ㅢ
ya	yeo	yo	yu	yae	ye	wa	wae	wo	we	ui

❸ 구두점, 대문자 쓰기

마침표, 쉼표, 물음표 등을 **구두점**이라고 하는데 올바른 문장을 쓰기 위해서는 꼭 필요해요.
문장에 구두점을 잘 쓰면 완결되고 고급스런 문장을 만들 수가 있답니다.

. 마침표	문장이 끝날 때는 그 끝을 알리는 마침표를 찍어야 해요. 단, 글의 제목에는 마침표를 찍지 않아요.
? 물음표	'~입니까?'라고 물어 보는 의문문 뒤에는 항상 물음표를 써요.
, 쉼표	apples, melons, peaches...처럼 뭔가를 나열할 때 쉼표를 써요. My friend, Mina has a brother.처럼 보충 설명할 때도 쉼표를 써요.
! 느낌표	How nice!처럼 어떤 일에 감탄이나 놀라움을 표현할 때 느낌표를 써요.
" " 큰따옴표	누군가의 말을 그대로 쓰거나 강조하고 싶은 말이 있을 때 큰따옴표를 써요. 큰따옴표가 있는 문장이 문장 맨 끝에 오면 큰따옴표 안에 마침표를 찍고, 문장 가운데 오면 쉼표를 찍어요. 주의할 것은 영어에는 작은따옴표가 없답니다. 예) She said, "I like apples," and she said, "I like melons."
: 콜론	어떤 말을 하고 나서 그것에 대한 구체적인 예를 들 때 사용해요. 예) There are many animals: cats, dogs, cows, and so on.

대문자 쓰기

문장의 첫 글자는 항상 **대문자**로 쓰며, 나를 뜻하는 I는 문장의 어디에 오든 대문자로 써요.
또한 세상에 하나 밖에 없는 것(사람 이름, 나라 이름, 요일, 월, 영어와 같은 언어명 등)의 첫
글자도 대문자로 쓴답니다. 일기, 신문 등 글의 제목은 단어의 첫 글자를 대문자로 써요.(in,
to, for, and, but 등은 제외)
예) Kim Mina, Korea, English, Children's Day

2. 영어작문을 위한 기초 문법

❶ 문장의 구성 알아보기

하나 또는 그 이상의 단어가 모여 생각이나 느낌, 질문 등을 표현한 것을 **문장**이라고 해요.
문장을 구성하는 요소에는 **주어, 동사, 목적어, 보어**가 있어요.

주어 문장의 주체가 되는 말로 '~은/는, ~이/가'의 뜻이며 주어로 쓰일 수 있는 말에는
명사나 대명사 등이 있어요.
예) He likes apples. 그는 사과를 좋아한다.
    She runs. 그녀는 달린다.
    Jane studies hard. Jane은 열심히 공부한다.

동사 주어의 움직임이나 상태를 나타내는 말로 '~하다, ~이다, ~이 있다' 등의 뜻이예요.
동사에는 be동사와 일반동사가 쓰여요.
예) She is a teacher. 그녀는 선생님이다.
    They play soccer. 그들은 축구를 한다.

목적어 동사가 나타내는 움직임의 대상이 되는 말로 '~을/를'의 뜻이며
명사나 대명사 등이 목적어로 쓰일 수 있어요.
예) I like dogs. 나는 개를 좋아한다.
    He likes apples. 그는 사과를 좋아한다.

보어 주어나 목적어를 보충 설명해 주는 말로 명사와 대명사, 형용사 등이 보어로 쓰일 수 있어요.
예) She is beautiful. 그녀는 아름답다.
    I am a student. 나는 학생이다.

중요 사항

chair(의자), student(학생), Mina(미나)처럼 사람이나 사물의 이름 또는 개념을 나타내는 말을 명사라고
하며, 이것(this), 저것(that), 그(he), 그녀(she)처럼 사람이나 사물의 이름을 대신하는 말을 대명사라고
해요.

❷ 문장의 종류 알아보기

문장은 우리가 일반적으로 쓰고 있는 문장들을 생각하면 돼요. 크게 세 가지로 나눌 수 있는데, 부정어가 없는 **긍정문**, 부정어가 있는 **부정문**, 상대방에게 물어볼 때 사용하는 **의문문**으로 나눌 수 있어요.

긍정문 부정을 나타내는 말이 들어 있지 않은 문장을 말하며 '~이다, ~하다' 로 해석해요.
예) He is a teacher. 그는 선생님이다.
I study English. 나는 영어를 공부한다.

부정문 not과 같은 부정어를 사용하여 어떤 사실이 그렇지 않다고 부정하는 문장을 말하며
'~이 아니다, ~하지 않다' 로 해석해요.
예) He is not a teacher. 그는 선생님이 아니다.
I don't study English. 나는 영어를 공부하지 않는다.

의문문 무엇을 묻는 문장을 말하면 문장의 끝에 물음표를 붙여요.
또한, '동사+주어' 의 순서로 쓰며 '~입니까?, ~합니까?' 로 해석해요.
예) Is he a teacher? 그는 선생님입니까?
Do you study English? 당신은 영어를 공부합니까?

❸ 동사의 현재시제

주어의 움직임이나 상태를 나타내는 말로 '∼하다', '∼이다', '∼이 있다' 등의 뜻에 해당하는 말을 동사라고 해요. 동사에는 '∼이다', '∼이 있다'처럼 상태를 나타내는 be동사와 움직임을 나타내는 일반동사가 있어요.

be동사는 주어의 인칭에 따라서 그 모습이 달라지는데 주어가 I이면 am이 오고, He, She, It이면 is가 와요. 또한, 주어가 You, They, We이면 be동사는 are를 써야 해요.

I am a student. 나는 학생이다.
He is a teacher. 그는 선생님이다.

문장에서 일반동사를 찾으려면 '가다', '먹다', '보다'처럼 움직임을 나타내는 말을 찾으면 돼요.

I apples. 나는 사과.
I eat apples. 나는 사과를 먹다.

'나는 사과를 먹다.'라는 문장에서 일반동사가 빠지면 정확한 의미를 파악할 수가 없어요. eat(먹다)라는 동사가 들어가야 정확한 의미를 전달할 수 있는 것처럼 일반동사는 문장에서 중요한 역할을 해요.

I have breakfast at eight. 나는 8시에 아침식사를 한다.
I go to school at eight thirty. 나는 8시 30분에 등교한다.
I play soccer after school. 나는 방과 후에 축구를 한다.
I watch TV after dinner. 나는 저녁 식사 후에 TV를 본다.

하루 동안 우리가 움직이며 하는 것을 일반동사를 사용해 표현할 수 있어요. 잘 알아두면 하루 일과를 영어로 표현할 수 있답니다.

일반동사는 be동사와 달리 주어가 3인칭 단수일 때만 형태가 변힌됩니나. 수어가 1인칭, 2인칭, 복수일 때는 형대가 바꿔시 않지만, 주어가 3인칭 단수일 때는 동사 뒤에 -(e)s가 붙어요. 3인칭 단수 주어에는 He(그), She(그녀), It(그것)이 있어요.

I like pizza. 나는 피자를 좋아한다.
She likes pizza. 그녀는 피자를 좋아한다.
→ 주어가 She(3인칭 단수)이므로 like 뒤에 -s가 붙는답니다.

주어가 3인칭 단수일 때 일반동사 뒤에 무조건 -(e)s가 붙는 것이 아니에요. 규칙적으로 변하는 것과 불규칙적으로 변하는 것이 있답니다.

① 3인칭 단수 동사의 규칙 변화

대부분의 동사	-s를 붙인다.	come → comes, eat → eats, like → likes, run → runs
-s, -sh, -ch, -x, -o로 끝나는 동사	-es를 붙인다.	kiss → kisses, wash → washes, teach → teaches, mix → mixes, go → goes
자음 + y로 끝나는 동사	y를 i로 바꾸고 -es를 붙인다.	study → studies, carry → carries
모음 + y로 끝나는 동사	그냥 -s만 붙인다.	say → says, pay → pays

② 불규칙 변화

위 표에서 설명하는 규칙이 적용되지 않는 경우도 있어요.
이에 해당하는 동사는 많지 않으므로 외워두는 것이 좋아요.

have → has
He has a car. 그는 차를 가지고 있다.

＊ **He have a car.** (×) 주어가 3인칭 단수이기 때문에 **have**가 아니라 **has**를 써야 해요.

❹ 동사의 과거시제

지금 일어나는 일을 현재라고 하고, 앞으로 일어날 일은 미래, 지난 일은 과거라고 해요. 지난 일들은 과거시제로 나타내야 하는데, 과거시제는 동작이나 상황이 과거에 어떠했는지를 나타내는 말이랍니다. 과거에 일어난 일을 설명할 때는 과거시제를 사용하여 표현해요.

① 일반동사의 과거

일반동사의 과거는 '축구를 했다', '끝냈다' 처럼 '~했다', '~했었다'의 뜻으로 쓰여요.

I played soccer yesterday. 나는 어제 축구를 했다.

He finished his homework. 그는 그의 숙제를 끝냈다.

② be동사의 과거

be동사의 현재형은 am, are, is 세 가지인데, 과거형은 was, were 두 가지랍니다. am과 is의 과거형이 was이기 때문이에요. are의 과거형은 were예요.

I was 12 years old last year. 나는 작년에 12살이었다.

I am 13 years old now. 나는 지금 13살이다.

They were very happy. 그들은 매우 행복했다.

지금이 13살이니까 작년에는 당연히 12살이었겠죠?

과거에 일어난 일		미래에 일어날 일
과거 ←	**현재** →	**미래**
과거시제	현재시제	미래시제

지금보다 그 이전에 일어난 일들은 과거시제로 쓰는 거예요.

일반동사의 과거형은 일정한 규칙에 따라 규칙적으로 변하는 규칙동사가 있는가 하면, 불규칙적으로 변하는 불규칙동사가 있어요.

① 규칙동사의 과거형

현재시제의 3인칭 단수 주어 뒤 일반동사에 -(e)s를 붙이는 방법과 비슷하기 때문에 쉽게 익힐 수 있을 거예요.

대부분의 동사	-ed를 붙인다.	walk → walked, play → played, call → called, finish → finished
-e로 끝나는 동사	-d를 붙인다.	like → liked, live → lived, love → loved, dance → danced
자음 + y로 끝나는 동사	y를 i로 바꾸고 -ed를 붙인다.	cry → cried, carry → carried
단모음 + 단자음으로 끝나는 동사	자음을 하나 더 붙이고 -d를 붙인다.	stop → stopped, plan → planned

② 불규칙동사의 과거형

불규칙적으로 변하는 동사들은 비슷한 유형끼리 모아서 외우면 쉽답니다.

형태(유형별)	현재 – 과거형 – 과거분사
동사원형과 과거형, 과거분사가 모두 같은 동사들	hit – hit – hit, cut – cut – cut, put – put – put
동사원형과 과거분사가 같은 동사들	come – came – come, run – ran – run
과거형과 과거분사가 같은 동사들	say – said – said, buy – bought – bought, meet – met – met, think – thought – thought
동사원형과 과거형, 과거분사가 모두 다른 동사들	go – went – gone, see – saw – seen, do – did – done, eat – ate – eaten, give – gave – given

❺ 동사의 미래시제

미래시제는 동작이나 상황이 미래에 어떻게 되는지를 나타낼 때 쓰는 표현이에요. 즉, 앞으로 다가올 일들은 미래시제를 사용하여 나타낸답니다.

I am 12 years old now. 나는 지금 12살입니다.
I will be 13 years old next year. 나는 내년에 13살이 됩니다.
미래를 나타낼 때는 조동사 will(~할 것이다)를 이용해 표현해요.

He goes there now. 그는 지금 거기에 간다.
He will go there tomorrow. 그는 내일 거기에 갈 것이다.
I will buy new clothes. 나는 새 옷을 살 것이다.
= I'll buy new clothes.
조동사 will은 동사 앞에 위치하며, 이때 동사는 주어가 3인칭 단수일지라도 동사원형을 써야 해요. 또한 I will은 I'll로 줄여 쓰는 경우가 많답니다.

He will meet her. 그는 그녀를 만날 것이다.
= He is going to meet her.
미래를 나타내는 조동사 will은 be going to로 바꿔 쓸 수 있어요. will 다음에 동사원형이 오는 것처럼 be going to 다음에도 동사원형이 와요. be going to는 계획되어 있는 미래의 일을 나타낼 때 사용한답니다. 이 때, 주어가 I일 때는 am을, You, They일 때는 are를, He, She, It일 때는 is를 써요.

정답 Answers

Part **2**

1. My Family and Friends ❶

p.16 Quiz a boy

p.17 Quiz not

p.18 Quiz a nurse

p.19 문장만들기 1

1. He is / a student
2. We are / doctors
3. My mother is / a scientist
4. She is / not / 12 years old
5. My father is / not / a dentist
6. I am / not / from Seoul
7. Is your brother / a singer / ?
8. Are they / girls / ?
9. Is Minho / Korean / ?

p.20 문장만들기 2

1. My sister is a nurse.
2. Is she a dentist?
3. He is a driver.
4. My brother is not a teacher.
5. They are your brothers.
6. I am Korean.
7. We are not pilots.
8. Minho is 10 years old.
9. You are from Seoul.

2. My Family and Friends ❷

p.22 Quiz 1. your father 2. her sister
3. look

p.23 Quiz 1. fly 2. write

p.24 문장만들기 1

1. She is / his / mother
2. You / can / read
3. His sister / can't / swim
4. Minho is / not / your / brother
5. Is he / their / teacher / ?
6. We / can / eat
7. He is / her / grandfather
8. Can / she / fly / ?
9. Can / her brother / walk / ?

p.25 문장만들기 2

1. She can sleep.
2. Is she your teacher?
3. My brother can write.
4. Can they sing?
5. She is his grandmother.
6. They can't swim.
7. He is her brother.
8. Are they his friends?
9. My sister can run.

3. Around Me

p.26 Quiz 1. a book 2. a dog
3. four trees

p.27 Quiz 1. heavy 2. red 3. small

p.28 Quiz 1. a book 2. houses
3. cute

p.29 문장만들기 1

1. That / is / a dog
2. There is / not / a tree
3. These / are / two books

4. The / house / is / beautiful

5. Her / book / is / old

6. Those / trees / are / small

7. Is this / a book / ?

8. There are / not / birds

9. Is that / house / blue/ ?

p.30 문장만들기 2

1. That is a tree.

2. Her house is not small.

3. These books are light.

4. My dog is cute.

5. Are there birds?

6. Those houses are blue.

7. Are those birds beautiful?

8. This is not a book.

9. There are five dogs.

Part 3

1. Morning Activities

p.34 Quiz 1. the window 2. the bag

p.35 Quiz 1. my hands   2. breakfast

p.36 Quiz 1. the ruler   2. goes

p.37 문장만들기 1

1. We / looked at / the door

2. My father / opens / the box

3. He / washes / his body

4. She / had / a doll

5. You / have / a sister

6. Mina / looks at / the window

7. I / go / to the house

8. My brother / used /

the computer

9. They / went / on a picnic

p.38 문장만들기 2

1. Mina looked at the box.

2. I open the bag.

3. She washes her hands.

4. My sister had breakfast.

5. Minho had a book.

6. We use the telephone.

7. He goes to school.

8. My brother used the ruler.

9. My mother looks at the bag.

p.39 문장만들기 3

Minho looked at the window.

He opened the box.

Mina washed her hands.

She had breakfast.

They went to school.

They used the bus.

2. Day Activities ❶

p.40 Quiz 1. sat   2. studied

p.41 Quiz 1. read   2. listened

p.42 Quiz 1. sing   2. wrote

p.43 문장만들기 1

1. I / sat / on the sofa

2. My father / listens / to music

3. We / studied / English

4. My sister / read / a comic book

5. They / sang / a children's song

6. She / writes / a letter

7. He / studies / art

8. Mina / sits / on the bench

9. Minho / wrote / a diary

p.44 문장만들기 2

1. We sat on the floor.

2. They listen to the radio.

3. My brother studied science.

4. I read a letter.

5. She sang a popular song.

6. Minho writes a story.

7. My mother studies English.

8. He sat on the chair.

9. Mina wrote her name.

p.45 문장만들기 3

Mina sat on the chair.

She studied English.

Minho listened to music.

He read a letter.

They sang a song.

I write a diary.

3. Day Activities ❷

p.46 Quiz 1. played   2. talks

p.47 Quiz 1. swims   2. borrowed

p.48 Quiz 1. won   2. enjoys

p.49 문장만들기 1

1. He / played / at the playground

2. My brother / talks / about a friend

3. Minho / swam / in the pool

4. I / borrowed / a book

5. My mother / plays / the piano

6. We / won / the soccer game

7. She / talked / with her friends

8. They / enjoy / computer games

9. I / won / the race

p.50 문장만들기 2

1. I played at the park.

2. She talks with her teacher.

3. They swam in the river.

4. He borrowed a pencil.

5. My brother played baseball.

6. They won on the sports day.

7. We talked about school.

8. Mina enjoys traveling.

9. He won a prize.

p.51 문장만들기 3

I played at the playground.

My brother talked with his friends.

He swam in the pool.

I borrowed a ball.

We won the soccer game.

I enjoy writing a diary.

4. Evening Activities

p.52 Quiz 1. helped   2. cooked

p.53 Quiz 1. watched 2. celebrated

p.54 Quiz 1. slept   2. closed

p.55 문장만들기 1

1. Minho / helped / his mother

2. My mother / cooks / dinner

3. We / watched / TV

4. They / celebrated /

my birthday

5. I / cooked / spaghetti
6. You / slept / with your
   mother
7. She / closed / the closet
8. Mina / celebrated / Parents'
   Day
9. He / sleeps / on the bus

p.56 문장만들기 2

1. I helped my teacher.
2. They slept in the tent.
3. My father watched the
   baseball game.
4. We celebrated his graduation.
5. Mina cooked lunch.
6. She watches a musical.
7. My sister closed the
   refrigerator.
8. He celebrated Christmas.
9. She sleeps on the bed.

p.57 문장만들기 3

I helped my mother.
She cooked dinner.
We watched TV.
They celebrated my birthday.
I closed the door.
I slept on the bed.

Part 4

1. Time & Weather

p.64 Quiz　1. Thursday　　2. am

3. on Monday
4. in spring　　5. cold

p.65 문장만들기 1

1. The season is / winter
2. It is / 2009
3. It is / Saturday / October / 11
4. My school / starts / at /
   9 o'clock
5. I / have an exam / on /
   Tuesday
6. I / planted trees / in / summer
7. Yesterday / the weather was /
   warm
8. I / met my friend / at /
   7 o'clock
9. I / will go on a picnic / in /
   April

p.66 문장만들기 2

1. It is Friday, August 25.
2. The season is summer.
3. It is 10:40 pm.
4. I met my friend at 6 o'clock.
5. I played soccer on Monday.
6. I had a party on Children's
   Day.
7. Tomorrow, the weather will
   be cool.
8. I go to school on Wednesday.
9. I made a snowman in winter.

p.67 문장만들기 3

It is Monday, March 27.
The season is spring.
I planted trees in spring.
Today, The weather is sunny.

I met my friend at 9 o'clock.
I played soccer on Sunday.

2. Daily Routine

p.71 Quiz 1. got up 2. studied
3. After school
4. In the evening
5. brushed

p.72 문장만들기 1
1. This morning / I / washed my face
2. After school / I / played soccer / with my friends
3. Tomorrow morning / I / will get up / at 5 am
4. This evening / I / did / the homework
5. In the afternoon / I / went / to the park
6. This afternoon / I / cleaned / my room
7. In the evening / I / will watch / TV
8. This morning / I / ate / breakfast
9. After school / I / will mcct / my mother

p.73 문장만들기 2
1. At night, I ate cookies.
2. After school, I will study English.
3. Tomorrow morning, I will comb my hair.

4. This evening, I did the dishes.
5. In the afternoon, I met my friend.
6. This afternoon, I played the piano with my friend.
7. In the evening, I watched the movies.
8. This morning, I got up at 6 am.
9. After school, I will go to the library.

p.74 문장만들기 3
This morning, I got up at 7 am.
I washed my face.
After school, I will go to the park.
In the afternoon, I met my friend.
I played computer games with my friend.
In the evening, I did my homework.

3. Feelings & Monthly Activities

p.76 Quiz 1. happy   2. surprised
3. angry   4. tired
5. sleepy
p.83 Quiz 1. enjoyed   2. met
3. will start   4. made
5. to see
p.84 문장만들기 1
1. I / was / happy

2. We / were / angry

3. My brother / was / surprised

4. I / received / a present

5. I / will swim / in the sea

6. I / visited / grandparents

7. I / won / on the sports day

8. I / celebrated / Christmas

9. I / will go / to see the sunrise

p.85 문장만들기 2

1. I was sad.

2. My brother was boring.

3. My mother was happy.

4. I will go to see a movie.

5. I had a cold.

6. I bought a present.

7. I will make a model airplane.

8. I visited a fire station.

9. I enjoyed the holidays.

p.86 문장만들기 3

I received a pretty doll.

I was happy.

I went to school.

I met my new friends.

I won the soccer game.

I will celebrate my friend's birthday.

Part 5

Questions & Answers

p.94 Quiz 1. tall 2. day

p.95 Quiz 1. Who 2. by bus

p.96 문장만들기 1

1. How is the weather?

It is rainy.

2. How many books are there?

There are five books.

3. What is your favorite subject?

My favorite subject is math.

4. What time did you get up?

I got up at 7 o'clock.

5. Where do you live?

I live in Seoul.

p.97 문장만들기 2

1. How old are you?

I am 12 years old.

2. What color is your cap?

My cap is red.

3. What kind of music do you like?

I like pop music.

4. When is your birthday?

It is June 15.

5. Why were you late for school?

Because I got up late.

p.98 문장만들기 3

I am 12 years old. I live in Seoul.

I walk to school.

My favorite subject is English.

It is Tuesday. It is sunny.

I was late for school.

Because I was sick.